Ekbert Hering
Alexander Mendler

Das Vieweg Buch zu Turbo Pascal für Windows

Eine umfassende Anleitung zur Programmentwicklung unter Windows

Aus dem Bereich Computerliteratur

Effektiv Starten mit Turbo C++
von Axel Kotulla

Turbo Pascal 6.0
von Martin Aupperle

Arbeiten mit MS-DOS QBasic
von Michael Halvorson und David Rygmyr
(Ein Microsoft Press/Vieweg-Buch)

Microsoft BASIC PDS 7.1
von Frederik Ramm

Effektiv Starten mit Visual Basic
von Dagmar Sieberichs und Hans-Joachim Krüger

Das Vieweg Buch zu Visual Basic
von Andreas Maslo

Das Vieweg Buch zu Turbo Pascal für Windows
von Ekbert Hering und Alexander Mendler

Das Vieweg Buch zu Borland C++ 3.0
von Axel Kotulla

MS-DOS Profi Utilities mit Turbo Pascal
von Georg Fischer

100 Rezepte für Turbo Pascal
von Erik Wischnewski

Objektorientiert mit Turbo C++
von Martin Aupperle

Effektiv Starten mit Turbo Pascal 6.0
von Axel Kotulla

Vieweg

Ekbert Hering
Alexander Mendler

Das Vieweg Buch zu Turbo Pascal für Windows

Eine umfassende Anleitung zur Programmentwicklung unter Windows

Alle Rechte vorbehalten
© Springer Fachmedien Wiesbaden 1992
Originally published by Friedr. Vieweg & Sohn Verlagsgesellschaft mbH, Braunschweig/Wiesbaden, 1992
Softcover reprint of the hardcover 1st edition 1992

Der Verlag Vieweg ist ein Unternehmen der Verlagsgruppe Bertelsmann International.

Umschlagsgestaltung: Schrimpf & Partner, Wiesbaden

Gedruckt auf säurefreiem Papier

ISBN 978-3-528-05209-6   ISBN 978-3-322-91760-7 (eBook)
DOI 10.1007/978-3-322-91760-7

Für

Christiane, Martina und Stefan Hering,
Heike, Renate und Herbert Mendler,
Vera, Vesna, Vladimir und Gordana Petrovic.

Vorwort

Mit Turbo Pascal für Windows steht Ihnen ein Entwicklungspaket zur Verfügung, mit dem Sie sehr komfortabel Programme entwickeln können. Sie haben die Möglichkeit, mehrere Quelltexte in verschiedenen Fenstern anzuzeigen, nebenher noch die umfangreiche Hilfefunktion von Turbo Pascal für Windows zu benutzen und Texte zwischen diesen Fenstern durch bequemes Markieren mit der Maus auszutauschen.

Sie sollten Kenntnisse in einer Programmiersprache (möglichst Turbo Pascal) besitzen, weil dieses Buch keine Einführung in Turbo Pascal darstellt, sondern an Hand vieler Beispiele in die Programmierung unter Windows einführt. Somit stellt es einen idealen Ratgeber für folgende Personen dar:

- Kenner von Turbo Pascal unter DOS,

- C-Programmierer unter DOS und Windows,

- Anwender von Windows mit Kenntnissen in einer Programmiersprache,

- Studenten, die objektorientiertes Programmieren (OOP) im praktischen Einsatz unter einer grafischen Oberfläche lernen wollen,

- Programmierer, die auf komfortable Weise schnell und sicher Programme unter Windows entwickeln wollen,

- Hobby-Programmierer, die von DOS auf Windows umsteigen wollen.

Das Buch gliedert sich in folgende Abschnitte:

Im *ersten Abschnitt* werden Sie mit den *Funktionen* und der *Bedienung* von Windows vertraut gemacht. Im letzten Teil des Abschnitts wird die *Installation* von Turbo Pascal für Windows beschrieben.

Turbo Pascal für Windows stellt Ihnen die UNIT *WinCrt* zur Verfügung, mit der Sie die Möglichkeit haben, Turbo Pascal-Programme von DOS mit geringen Änderungen unter Windows lauffähig zu machen. *Abschnitt zwei* beschreibt die UNIT *WinCrt* und zeigt die *Portierung* an Hand von Beispielen.

Der *dritte Abschnitt* stellt einen Schwerpunkt des Buches dar: die *objektorientierte Programmierung (OOP)* mit *ObjectWindows*. Zahlreiche Beispiele zeigen Ihnen die Möglichkeiten der *objektorientierten Programmbibliothek ObjectWindows*, die mit Turbo Pascal für Windows geliefert wird. Besonders für *C-Umsteiger*, die bisher mit dem SDK von Microsoft entwickelt haben, stellt dies eine interessante Alternative dar.

Ein großer Vorteil der Programmierung unter Windows ist der Einsatz von *Ressourcen*. Dies wird in *Abschnitt vier* behandelt. Beispielsweise werden Mauszeiger, Menüs und Dialogfenster nicht mehr programmiert, sondern in speziellen Editoren gezeichnet und als Ressourcen in separaten Dateien abgelegt. Deshalb können Sie Ressourcen unabhängig vom Quelltext bearbeiten (z.B. Anpassung der Menü- und Hilfetexte an andere Sprachen). Die Ressourcen werden normalerweise erst beim Linkvorgang zum Programm hinzugefügt.

Im *fünften Abschnitt* wird die Programmierung unter Windows mit dem API (*Application Programming Interface*) beschrieben. Turbo Pascal für Windows bietet neben der objektorientierten Programmierung mit *ObjectWindows* auch zwei UNIT´s (*WinProcs* und *WinTypes*) an, welche eine direkte Schnittstelle zum API von Windows darstellen. Direkt mit

den über 600 Funktionen und Prozeduren des API zu programmieren, ist aufwendiger und schwieriger als objektorientiert mit *ObjectWindows*.
Zur Fehlersuche dient der *Turbo Debugger* für Windows, dessen Funktionen in *Abschnitt sechs* beschrieben werden.

Im *siebten Abschnitt* sind neben Empfehlungen zur Hardwareausstattung auch *dynamische Linkbibliotheken (DLL)* beschrieben. Diese sind ähnlich wie UNIT's aufgebaut und bieten die Möglichkeit von verschiedenen Programmiersprachen benutzt zu werden. Beispielsweise können in C programmierte DLL's problemlos in Turbo Pascal-Programmen verwendet werden. Dies ist besonders für C-Umsteiger interessant, weil sie ihre bereits bestehenden Routinen zum Teil weiterverwenden können. Da eine DLL erst zur Laufzeit mit dem Programm verbunden wird, ist Windows in der Lage, Speicherplatz zu sparen, indem es eine DLL nur einmal in den Speicher lädt und mehrere Programm darauf zugreifen läßt.

Alle im Buch beschriebenen Programme sind auf einer Diskette verfügbar, um Ihnen das lästige und fehlerträchtige Abtippen zu ersparen und einen schnellen Einstieg in Turbo Pascal unter Windows zu ermöglichen.

An dieser Stelle danken wir recht herzlich den geduldigen und aufmunternden Familienmitgliedern und Partnern, die uns beim Schreiben dieses Werkes unterstützt haben. Danken wollen wir auch den Professoren und Studenten des Fachbereichs Wirtschaftsinformatik an der Berufsakademie Heidenheim, insbesondere Herrn Professor Eberhard Bappert und dem Jahrgang 89 für die Anregungen, das Verständnis und die Anteilnahme an diesem Buch. Besonderer Dank gebührt dem Vieweg-Verlag, insbesondere Herrn Robert Schmitz, der für unsere Probleme immer ein offenes Ohr hatte und geholfen hat, wo er helfen konnte.

Es ist unser Wunsch, vielen Programmierern mit diesem Buch einen einfachen Einstieg in die Programmierung unter Windows zu ermöglichen. Besonders wichtig erscheint uns der objektorientierte Ansatz mit *ObjectWindows*, der eine sehr effiziente und schnelle Möglichkeit darstellt, Windows-Anwendungen zu erstellen.

Gerne nehmen wir von unseren Lesern Kritik und Verbesserungsvorschläge entgegen, um dieses Buch für den Leser so nützlich wie möglich zu halten.

Heubach und Blaustein   Januar 1992
Ekbert Hering und Alexander Mendler

Inhaltsverzeichnis

1 Einführung in Windows

Windows ist eine grafische Benutzeroberfläche. Vor allem Einsteiger können damit den Rechner einfach bedienen. Bild 1-1 zeigt Windows 3.0 mit den mitgelieferten Programmen.

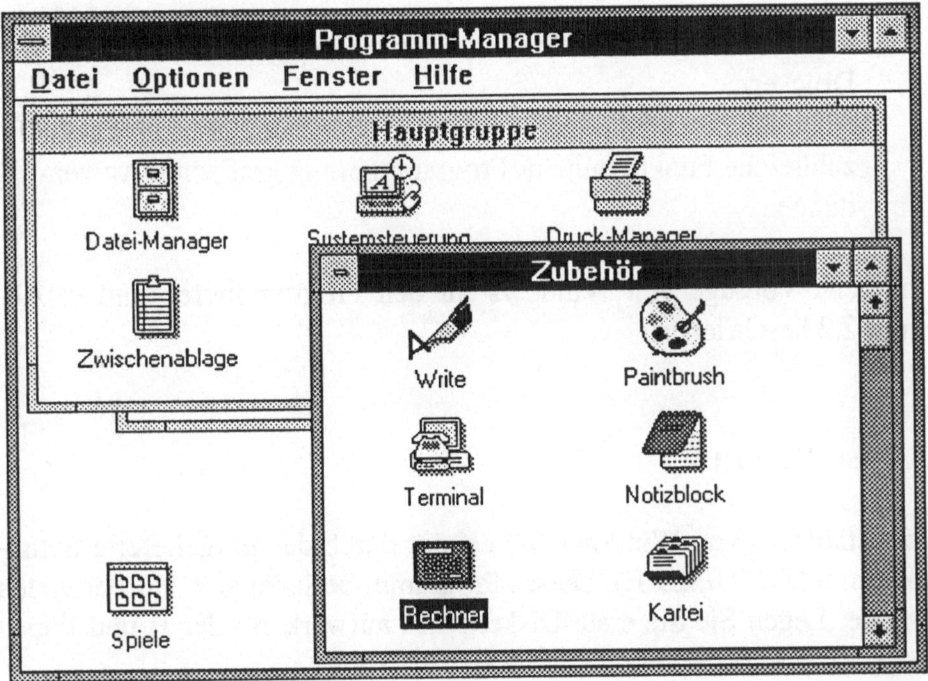

Bild 1-1 Windows 3.0

Die grafische Benutzeroberfläche bietet sowohl dem Anwender als auch dem Programmierer viele Vorteile. Als Beispiele seien genannt:

- Einheitliche Programmoberfläche und Bedienung,

- einfach zu bedienen und zu erlernen,

- Gleichzeitige Verwendung von mehreren Programmen (Multitasking),

- Datenaustausch zwischen verschiedenen Programmen,

- Bessere Nutzung von Hauptspeicher und Prozessor (Protected Mode),

- Unterstützung zahlreicher Grafikkarten, Eingabegeräten und Druckern,

- zahlreiche Funktionen zur Programmierung grafischer Anwendungen.

Zahlreiche Vorzüge von Windows für den Programmierer sind in Abschnitt 2.2 beschrieben.

1.1 Installation

Die Installation von Windows 3.0 erfolgt durch das mitgelieferte Setup-Programm (SETUP.EXE). Dieses Programm befindet sich auf der ersten Diskette. Legen Sie die erste Diskette in Laufwerk A oder B und tippen Sie:

```
A:\> SETUP <RETURN>
```

Setup fragt Sie nach dem Verzeichnis, in das Sie Windows installieren wollen. Ändern Sie nach Wunsch das Verzeichnis, oder bestätigen Sie mit <RETURN>.

Anschließend untersucht Setup Ihre Hardware-Konfiguration. Diese wird Ihnen daraufhin angezeigt. Ist die Konfiguration nicht richtig, können Sie Änderungen vornehmen. Bestätigen Sie mit <RETURN>, werden verschiedene Dateien auf Ihre Festplatte kopiert. Folgen Sie den weiteren Anweisungen des Setup-Programmes.

Wenn Sie den in Bild 1-2 gezeigten Bildschirm sehen, drücken Sie <RETURN>, um die Installation fortzusetzen.

```
Windows SETUP

   Falls Ihr Computer oder Netzwerk auf der Hardware-Kompatibilitätsliste
   mit einem Stern versehen ist, drücken Sie F1, bevor Sie fortfahren.

   Systeminformationen
      Computer:              MS-DOS- oder PC-DOS-System
      Bildschirm:            VGA
      Maus:                  Microsoft oder IBM PS/2
      Tastatur:              Erweiterte 101-/102-Tasten-US oder andere
      Tastaturlayout:        Deutsch
      Sprache:               Deutsch
      Netzwerk:              Netzwerk nicht installiert

   Änderungen durchführen: Oben angezeigte Konfiguration akzeptieren

   Um eine Systemeinstellung zu ändern, drücken Sie die NACH-UNTEN-
   oder NACH-OBEN-TASTE, um die Markierung zum gewünschten Eintrag
   zu verschieben. Drücken Sie dann die EINGABETASTE, um die ent-
   sprechenden Alternativen angezeigt zu bekommen. Wenn Sie alle
   Änderungen vorgenommen haben, wählen Sie Änderungen durchführen,
   um das SETUP-Programm zu verlassen.
 EINGABE=Weiter  F1=Hilfe  F3=Ende
```

Bild 1-2 Windows Setup

Setup möchte jetzt Änderungen an Ihrer Konfiguration (CONFIG.SYS; AUTOEXEC.BAT) vornehmen (Bild 1-3). Bestätigen Sie mit <RETURN>, damit diese Änderungen vorgenommen werden.

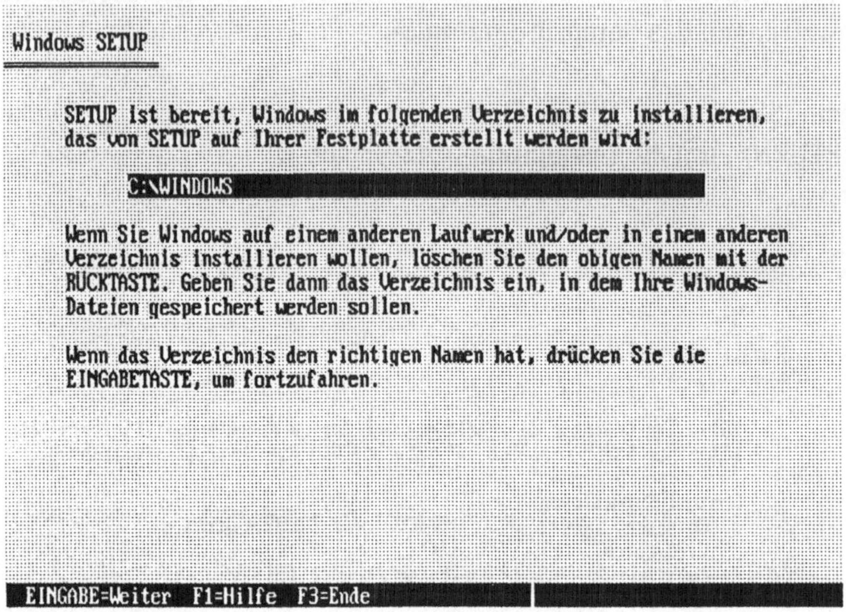

Bild 1-3 Änderung der Konfiguration

Anschließend können Sie Ihren Drucker installieren. Dazu wählen Sie Ihren Drucker aus der Liste aus und klicken mit der Maus auf *Installieren*(Bild 1-4). Folgen Sie dann wieder den Anweisungen des Setup-Programms. Wenn der Druckertreiber kopiert ist, klicken Sie mit der Maus auf *Konfigurieren*. In dem folgenden Menü wählen Sie die Schnittstelle aus, an die Ihr Drucker angeschlossen ist.

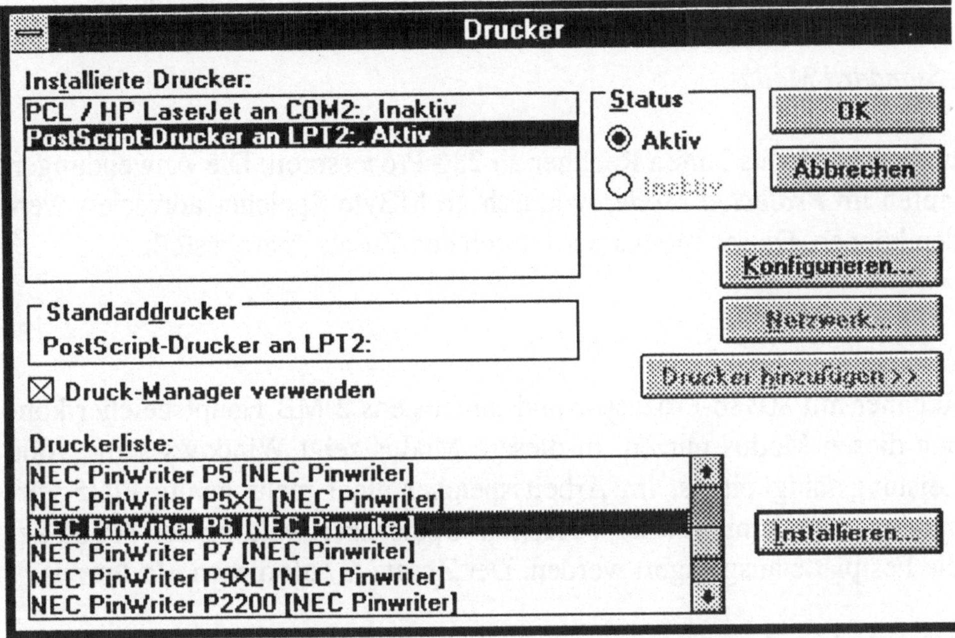

Bild 1-4 Drucker auswählen

Verlassen Sie alle Fenster, indem Sie auf OK klicken. Setup meldet jetzt, daß die Installation von Windows 3.0 abgeschlossen ist. Verlassen Sie Windows und führen Sie einen Warmstart aus, damit die Änderungen wirksam werden, die Windows in Ihrer Konfiguration vorgenommen hat.

Starten Sie Windows durch Eingabe von:

        C:\> WIN <RETURN>

Windows kennt drei verschiedene Betriebsarten:

- Real-Mode

Rechner mit einem 8088-Prozessor können nur im Real-Mode arbeiten. Bei den anderen Prozessoren kann dieser Modus mit dem Parameter /r erzwungen werden.

Achtung! In diesem Modus läuft Turbo Pascal für Windows nicht.

- Standard-Modus

In diesem Modus laufen Rechner ab 286-Prozessoren. Die Anwendungen laufen im *Protected Mode*, wodurch 16 MByte Speicher adressiert werden können. Dieser Modus wird durch den Zusatz /s eingestellt.

- 386 erweitert

Rechner mit 80386-Prozessor und mindestens 2 MB Hauptspeicher können diesen Modus nutzen. In diesem Modus zeigt Windows seine volle Leistungsfähigkeit. Ist im Arbeitsspeicher nicht mehr genug Platz vorhanden, dann kann mit der virtuellen Speicherverwaltung des 80386 auf die Festplatte ausgelagert werden. Der Zusatz /3 ruft diesen Modus auf.

Beim Aufruf ohne Parameter wählt Windows den optimalen Modus. Der Menüpunkt *Info über Programm-Manager* im Menü *Hilfe* zeigt an, in welchem Modus Windows gerade läuft (Bild 1-5).

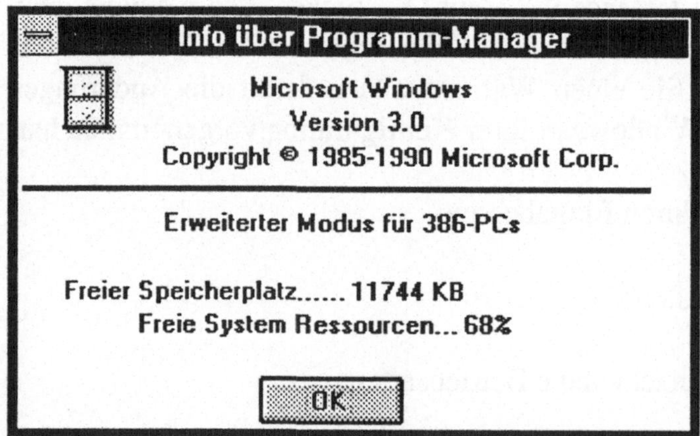

Bild 1-5 Info über Programm-Manager

Nach dem Start von Windows sehen Sie folgende Oberfläche (Bild 1-6):

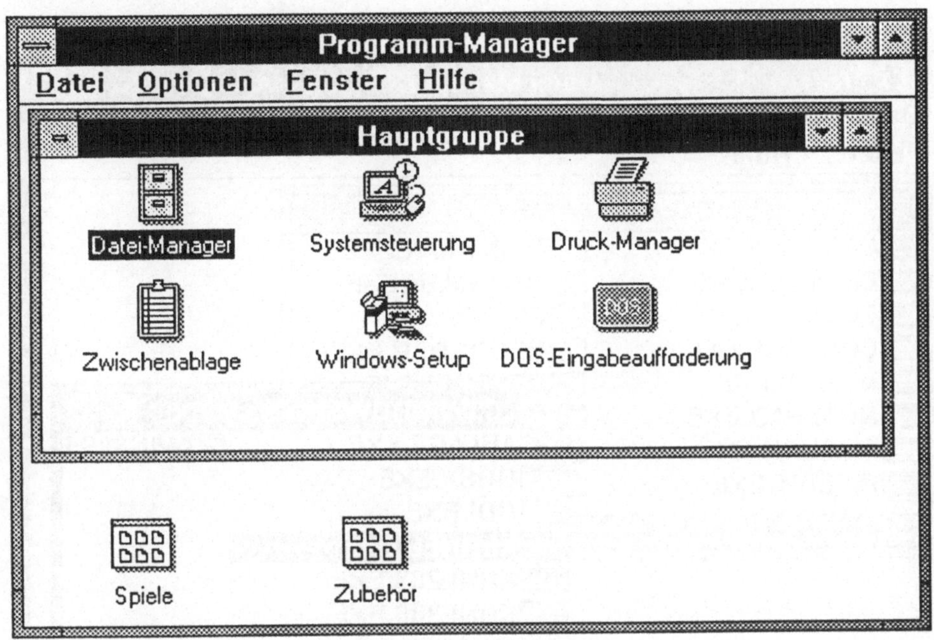

Bild 1-6 Programmgruppen von Windows 3.0

1.2 Programmgruppen

1.2.1 Hauptgruppe

Die Hauptgruppe besteht aus folgenden Teilen:

** Dateimanager*

Mit diesem Programm können Sie *Datei-Operationen* vornehmen. Beispielsweise Programme ausführen, suchen, kopieren, verschieben und
löschen sowie Verzeichnisse erstellen und löschen (Bild 1-7). Diese

Funktionen stehen Ihnen beispielsweise auch bei Norton Desktop für Windows zur Verfügung.

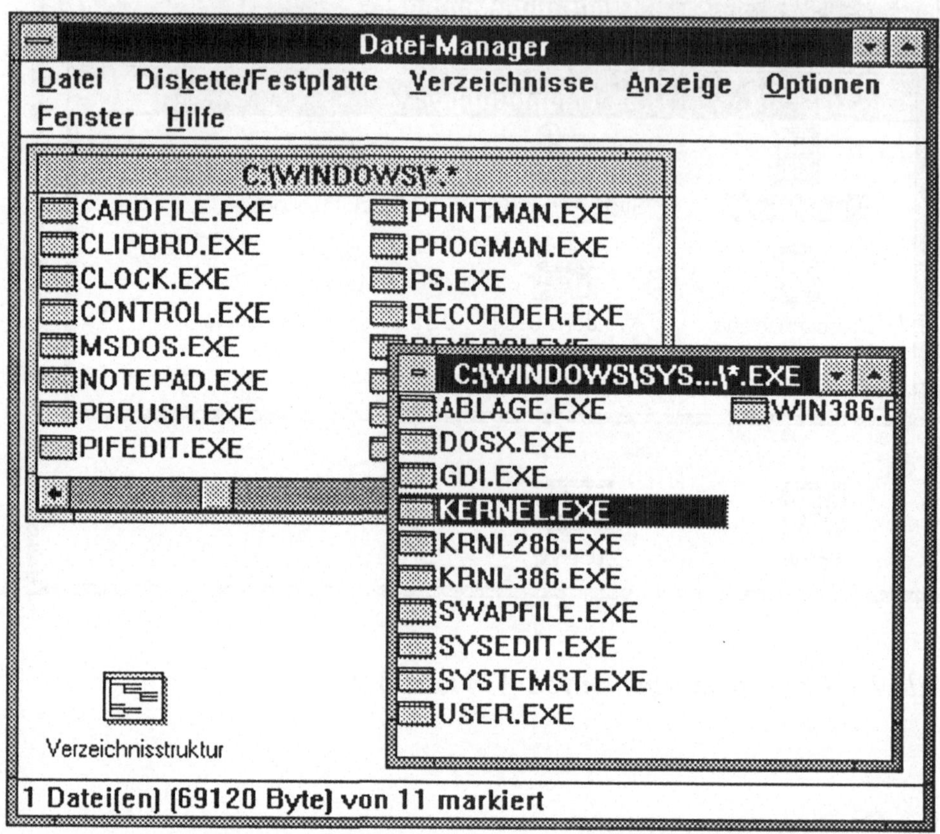

Bild 1-7 Dateimanager

** Systemsteuerung*

Bild 1-8 zeigt die Möglichkeiten der Systemsteuerung. Sie können hier beispielsweise Farben, Hintergrundbild und Drucker einstellen.

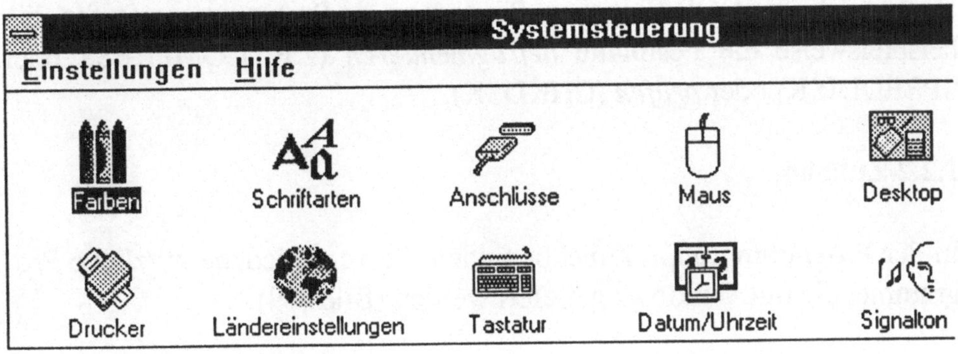

Bild 1-8 Systemsteuerung

* Druck-Manager

Damit können Sie den Ausdruck kontrollieren (z. B. Ausdruck abbrechen).

* Zwischenablage

Über die Zwischenablage können Sie zwischen verschiedenen Programmen Daten austauschen (z. B. eine Grafik aus Paintbrush in Write einbinden).

* Windows-Setup

Hier können Sie Ihre Hardware-Konfiguration ändern. Beispielsweise eine neue Grafikkarte installieren. Dieses Programm kann auch von DOS aus aufgerufen werden.

* DOS-Eingabeaufforderung

Dadurch wird der DOS-Befehlsinterpreter COMMAND.COM geladen. Durch Eingabe von "exit" wird dieses Fenster wieder geschlossen, und Sie gelangen zurück zu Windows.

Vorsicht! In der DOS-Eingabeaufforderung nie Programme aufrufen, die beispielsweise die Festplatte *defragmentieren* (z.B. COMPRESS oder SPEEDDISK) oder *prüfen* (CHKDSK).

1.2.2 Zubehör

In der Programmgruppe Zubehör finden Sie verschiedene nützliche Programme, die mit Windows geliefert werden (Bild 1-9).

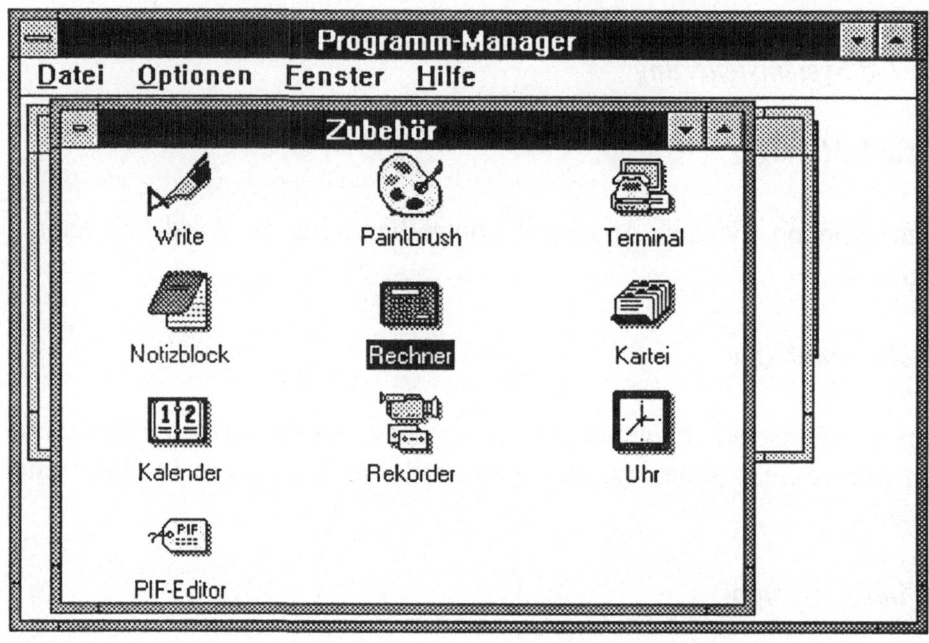

Bild 1-9 Programmgruppe Zubehör

* *Write*

Windows Write ist ein kleines Textverarbeitungprogramm, mit dem Sie problemlos Briefe schreiben und Dokumentationen erstellen können. Es bietet verschiedene Schrifttypen in verschiedenen Größen, ferner eine Absatzformatierung sowie die Möglichkeit, Kopf- und Fußzeilen zu definieren. Es besteht auch die Möglichkeit, Grafiken (z.B. aus Paintbrush) in den Text einzubinden.

* Paintbrush

Paintbrush ist ein einfaches pixelorientiertes Malprogramm. Damit können Sie einfache Zeichnungen erstellen, die Sie in Ihren Programmen verwenden können. Beispielsweise das Titelbild von Turbo Pascal für Windows (Bild 1-10).

Bild 1-10 Paintbrush mit TPW - Titelbild

* Terminal

Terminal ist ein einfaches Terminal-Emulationsprogramm. Es bietet beispielsweise TTY, DEC VT100 und DEC VT52 Emulationen (Bild 1-11).
Es eignet sich auch zur Datenfernübertragung.

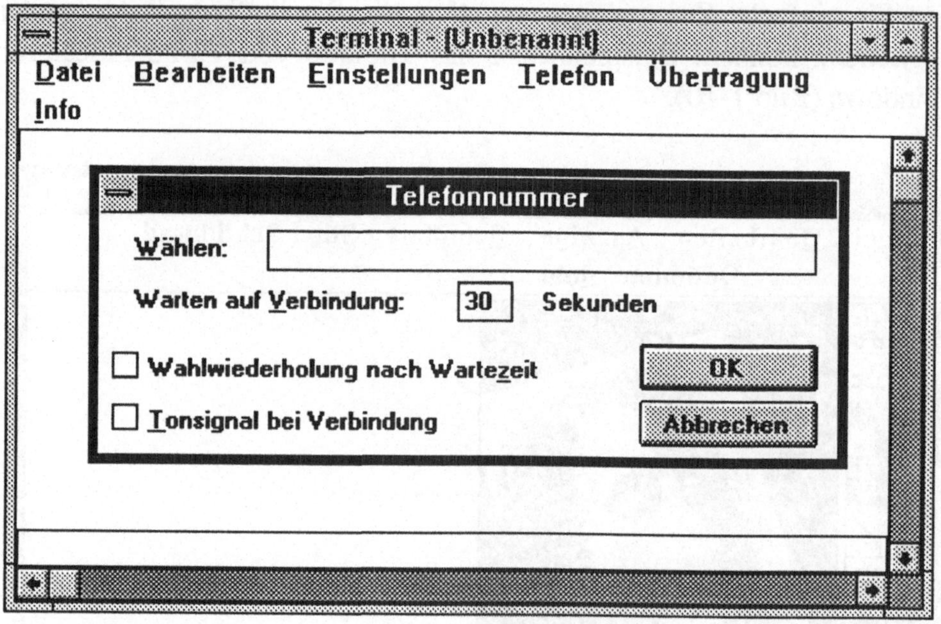

Bild 1-11 Terminal Programm

* Notizblock

Der Notizblock ist ein einfacher ASCII-Editor. Er dient zum Erstellen
und Lesen kleiner Texte. Er bietet aber nicht die Möglichkeiten, die Ihnen die Turbo Pascal Entwicklungsumgebung zur Verfügung stellt.

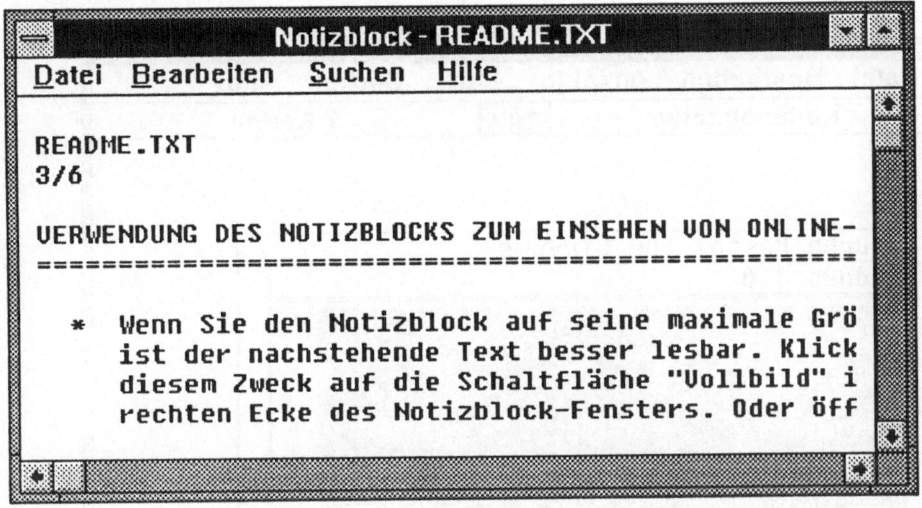

Bild 1-12 Notizblock

** Rekorder*

Mit dem Rekorder können Sie Makros aufzeichnen. Diese Makros können sowohl Tastatureingaben als auch Mausbewegungen speichern. Damit können Sie häufig wiederkehrende Arbeitsabläufe automatisieren.

** Kartei*

Ersetzt einen herkömmlichen Dateikasten. Daten können mit den anderen Windows-Zubehörprogrammen ausgetauscht werden. Sie können also Bilder aus Paintbrush mit Texten aus dem Notizblock verbinden (Bild 1-13), oder auch Adressen aus dem Karteikasten in Write übernehmen.

Bild 1-13 Karteikasten mit Text und Bild

** Kalender*

Mit diesem Programm können Sie Ihre Zeit optimal einteilen. Beispielsweise können Sie Ihre wichtigen Termine eintragen. Es läßt sich auch eine Weckfunktionen aktivieren, die Sie an besonders wichtige Termine erinnert (Bild 1-14).

Kalender - (unbenannt)

Datei   Bearbeiten   Anzeige   Aufschlagen   Wecker
Optionen   Info

10:34   ◆ ◆   Mittwoch, 08 Januar 1992

Januar 1992

S	M	D	M	D	F	S
			1	2	3	4
5	6	7	8	9	10	11
12	13	14	15	16	17	18
19	20	21	22	23	24	25
26	27	28	29	30	31	

Bild 1-14 Kalender

** Rechner*

Es stehen Ihnen zwei verschiedene Taschenrechner zur Verfügung: ein einfacher (Bild 1-15) und ein wissenschaftlicher Taschenrechner (Bild 1-16). Die Ergebnisse können Sie in andere Programme übernehmen.

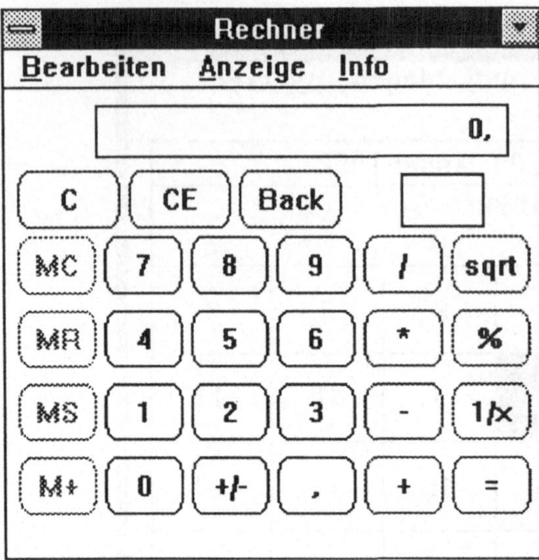

Bild 1-15 Einfacher Taschenrechner

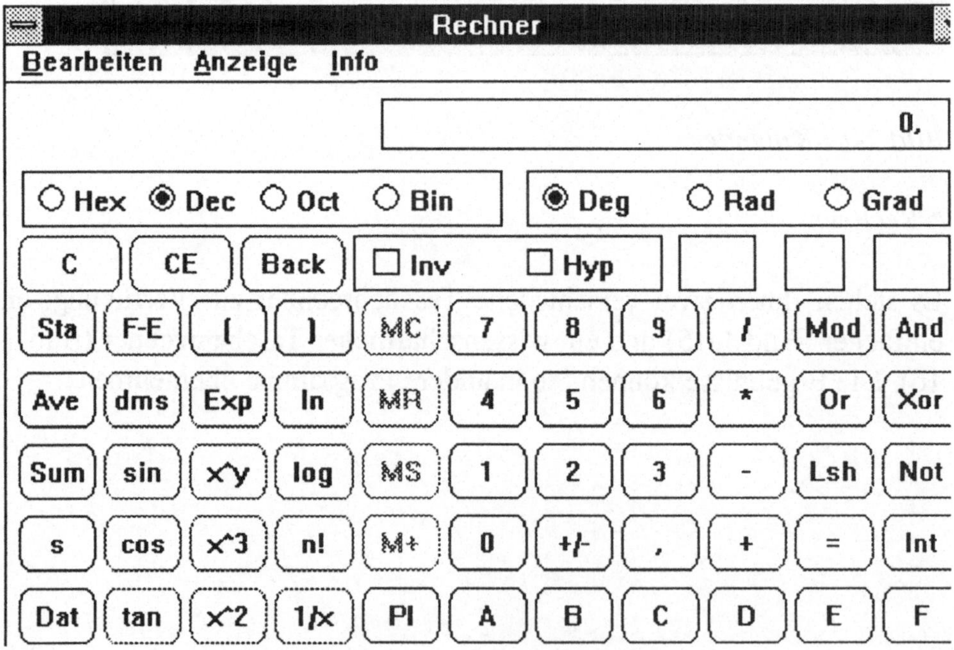

Bild 1-16 Wissenschaftlicher Taschenrechner

* Uhr

Sie können sich die Uhrzeit sowohl digital als auch analog anzeigen lassen (Bild 1-17). Die Uhrzeit wird auch angezeigt, wenn Sie die Uhr als Icon verkleinern.

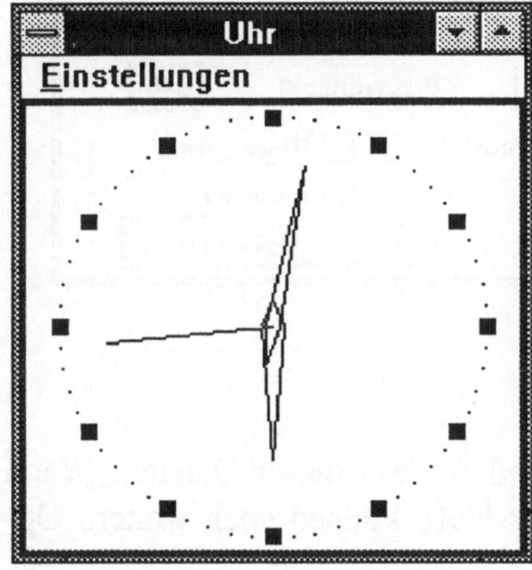

Bild 1-17 Uhr

* PIF-Editor

Wenn Sie DOS-Programme unter Windows laufen lassen wollen, benötigen Sie dazu in vielen Fällen eine spezielle Programminformationsdatei (PIF). In diesen Dateien stehen beispielsweise der Dateiname, aber auch Angaben über Speicherbedarf und Bildschirmmodus (Text, Grafik), wie Bild 1-18 zeigt.

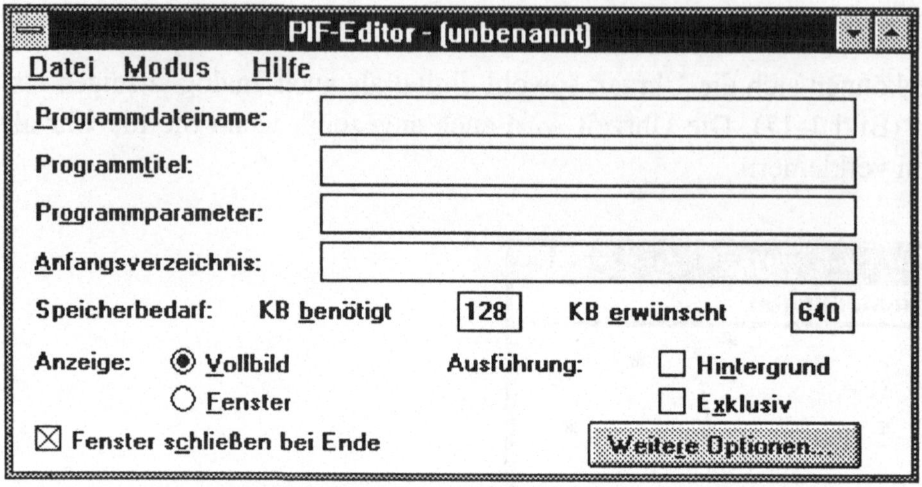

Bild 1-18 PIF-Informationen

Der PIF-Editor dient zum Erstellen und Ändern dieser Dateien. Wenn
Windows im erweiterten 386-er Modus läuft, können noch weitere Optionen eingestellt werden (Bild 1-19).

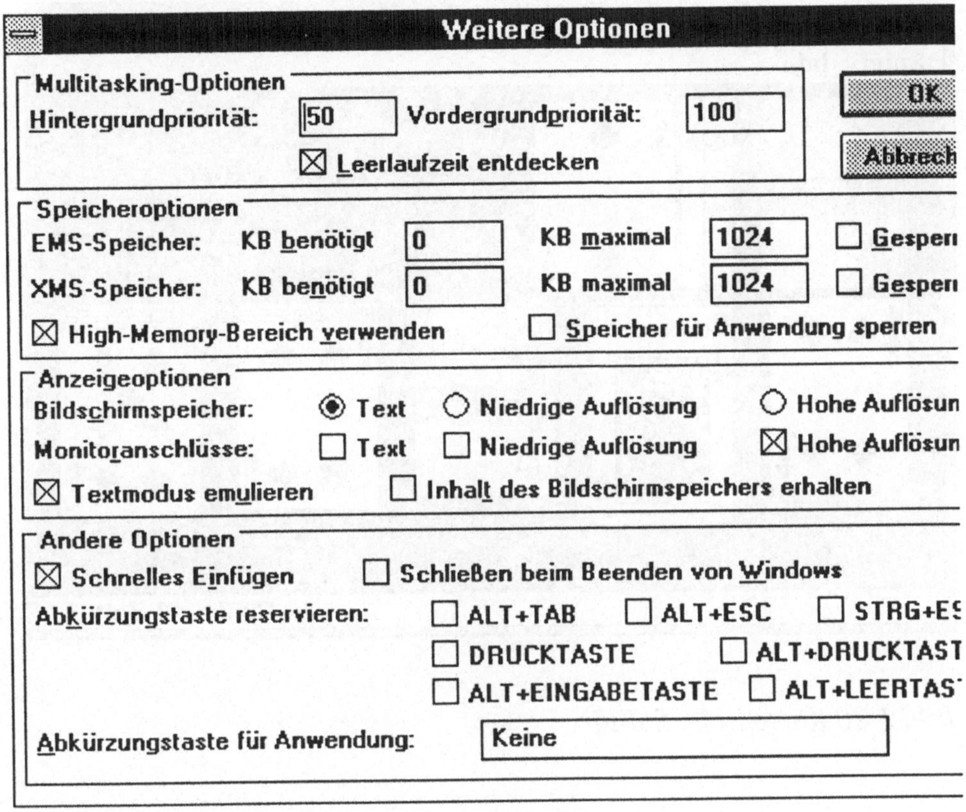

Bild 1-19 Weitere Optionen für PIF-Dateien

1.2.3 Spiele

Sie können sich jederzeit mit zwei Spielen die Zeit vertreiben. Windows bietet Ihnen das Kartenspiel Solitär (Bild 1-20), welches dem Kartenlegespiel Patience entspricht. Anschließend nehmen Sie dem Computer möglichst viele Steine ab, um so das Spiel Reversi zu gewinnen (Bild 1-21).

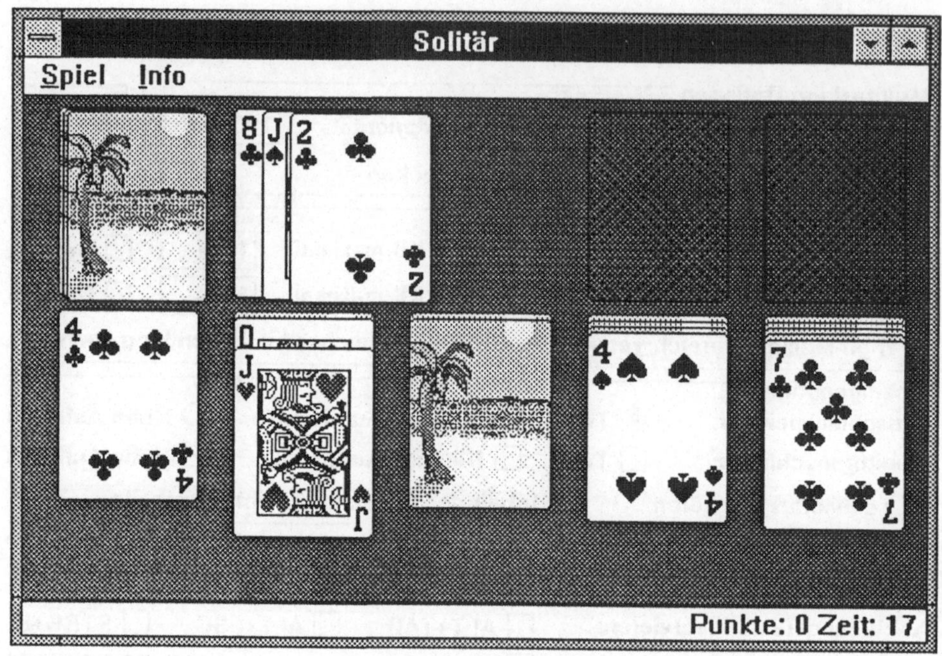

Bild 1-20 Kartenspiel Solitär

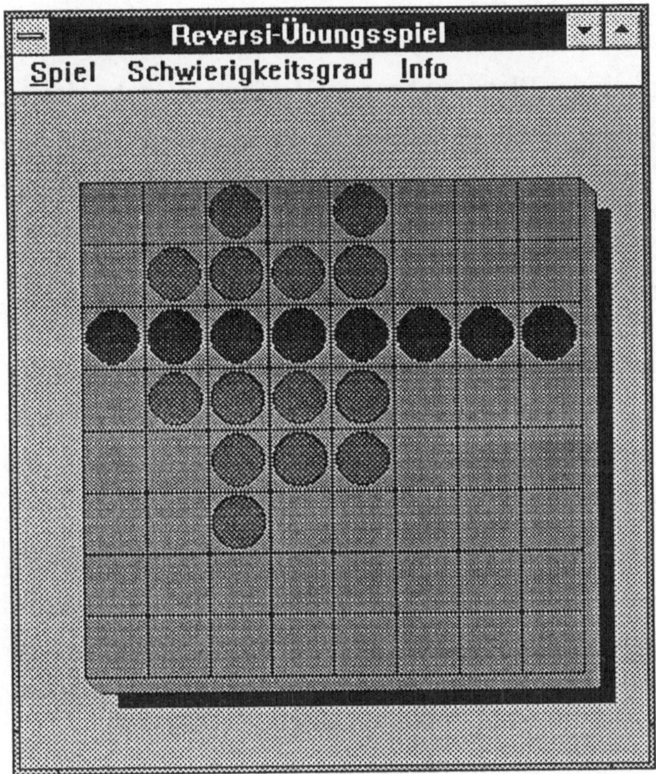

Bild 1-21 Reversi

1.3 Optimale Konfiguration

Da die Optimierungsmöglichkeiten von Windows 3.0 sehr zahlreich sind, sollen hier nur einige angeführt werden:

** Zuviele Programmgruppen*

Man sollte nicht zu viele (mehr als 10) Programmgruppen anlegen, da diese wertvolle Ressourcen verbrauchen. Die Zahl der noch verfügbaren Ressourcen steht im Programm Manager unter dem Menüpunkt *Info über Programm Manager* im Menü Hilfe (Bild 1-5).

** Einrichten einer Auslagerungsdatei*

Wenn im Hauptspeicher kein Platz mehr zur Verfügung steht, lagert Windows im *erweiterten 386-Modus* temporär auf die Festplatte aus. Mit dem Programm *SWAPFILE.EXE* kann man eine feste Auslagerungsdatei erstellen. Der Vorteil besteht darin, daß Windows einen schnelleren Zugriff auf die Auslagerungsdatei hat. Zur Erstellung einer solchen Auslagerungdatei gehen Sie in folgenden Schritten vor:

- Windows im Real-Mode starten (*WIN /R*),

- Auslagerungsdatei einrichten mit SWAPFILE.EXE (C:\WINDOWS\SYSTEM\SWAPFILE.EXE; Bild 1-22),

- Windows beenden und im *erweiterten 386-Modus* neu starten.

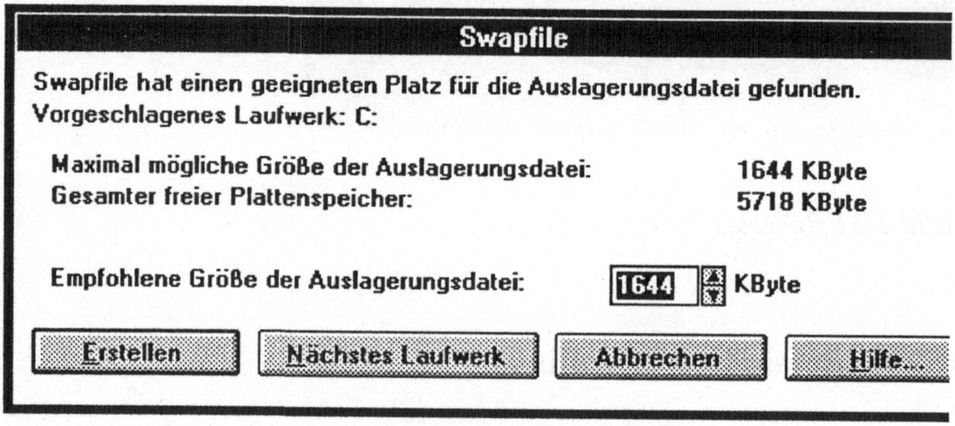

Bild 1-22 Auslagerungsdatei einrichten

1.4 Installation von Turbo Pascal für Windows

Da die Installation von Turbo Pascal für Windows (TPW) unter Windows selbst abläuft, müssen Sie Windows installiert haben. Wichtig ist außerdem, daß Sie etwa 7 MBytes freien Speicherplatz auf Ihrer Festplatte besitzen. Zur Installation gehen Sie in folgenden Schritten vor:

1. Schritt

Starten Sie Windows (WIN <RETURN>) und laden Sie den Dateimanager (Doppelklick auf das entsprechenden Icon).

2. Schritt

Wechseln Sie auf das Diskettenlaufwerk, in dem sich die erste Installationsdiskette befindet.

3. Schritt

Starten Sie die Datei INSTALL.EXE (Doppelklick).

4. Schritt

Das Installationsprogramm bietet Ihnen die in Bild 1-23 gezeigten Auswahlmöglichkeiten, die Sie nach Ihren Wünschen verändern können. Wenn Sie beispielsweise TPW in das Verzeichnis *C:\WINDOWS\TPW* installieren möchten, dann klicken Sie auf den Schalter *Basisverzeichnis setzen...* und tragen als neues Basisverzeichnis *C:\WINDOWS\TPW* ein.

5. Schritt

Klicken Sie mit der Maus auf den Schalter *INSTAL.* um die Installations zu starten.

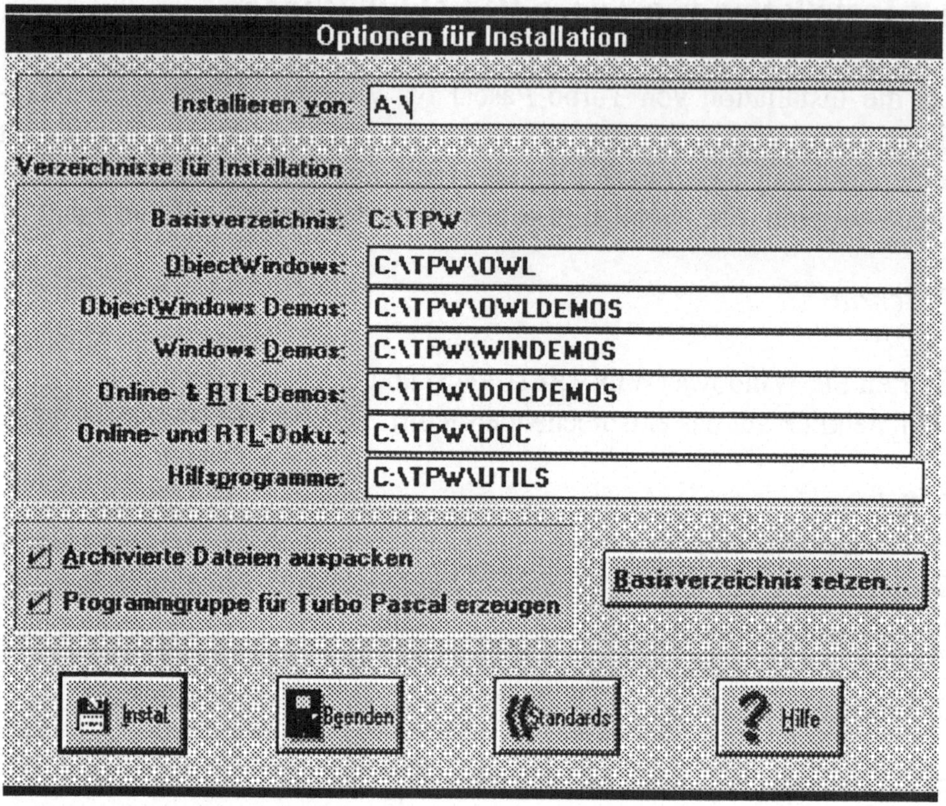

Bild 1-23 Optionen für die Installation von TPW

6. Schritt

Die Installation läuft jetzt automatisch ab. Sie werden vom Programm
nur noch aufgefordert, die entsprechenden Disketten einzulegen. Nach
erfolgreicher Installation wird TPW geladen, und Sie können sofort
starten.

2 Portierung von DOS-Programmen mit UNIT WinCrt

2.1 Funktionen von WinCrt

In der Programmierung unter Windows fehlen folgende, von Turbo Pascal unter DOS bekannte Funktionen:

- ClrScr,

- GotoXY,

- KeyPressed,

- ReadKey,

- Read, ReadLn,

- Write, WriteLn,

- WhereX, WhereY.

Die UNIT *WinCrt* stellt die Funktionen unter Windows zur Verfügung. Tabelle 2-1 beschreibt die verschiedenen typisierten Konstanten und eine Variable.

Name	Typ	Beschreibung
WindowOrg	(TPoint)	Anfangsposition Fenster
WindowSize	(TPoint)	Anfangsgröße Fenster
ScreenSize	(TPoint)	Breite und Höhe in Zeichen
Cursor	(TPoint)	Position des Cursors

Origin	(TPoint)	x,y Koordinaten der linken oberen Ecke
InactiveTitle	(PChar)	Titel eines inaktiven Fensters
AutoTracking	(Boolean)	automatisches Rollen des Fensters damit der Cursor sichtbar bleibt
CheckEOF	(Boolean)	Dateiendezeichen durch Strg-Z erzeugen
CheckBreak	(Boolean)	Unterbrechung durch Strg-C möglich
WindowTitle	(array [0..79] of Char)	Titel des aktiven Fensters

Tabelle 2-1 Typisierte Konstanten und Variable

Mit diesen Konstanten können Sie die Position, Größe und Überschrift des Programmfensters festlegen. Ebenso kann das Verhalten des Fensters festgelegt werden, beispielsweise automatisches Rollen, damit der Cursor sichtbar bleibt.

In Tabelle 2-2 sind die Funktionen und Prozeduren beschrieben, die WinCrt zur Verfügung stellt.

Name	Typ	Beschreibung
AssignCrt	Prozedur	Ordnet dem Bildschirm eine Text-Datei zu
ClrEol	Prozedur	löscht ab Cursor bis Zeilenende
ClrScr	Prozedur	löscht Bildschirm
DoneWinCrt	Prozedur	schließt das Fenster
GotoXY	Prozedur	setzt den Cursor
InitWinCrt	Prozedur	öffnet ein Fenster
KeyPressed	Funktion	ist wahr bei Tastendruck
ReadBuf	Funktion	liest Zeile aus Fenster
ReadKey	Funktion	liest Zeichen von Tastatur
ScrollTo	Prozedur	verschiebt Fensterausschnitt

TrackCursor	Prozedur	verschiebt Fensterausschnitt damit der Cursor sichtbar bleibt
WhereX	Funktion	Spaltenposition des Cursors
WhereY	Funktion	Zeilenposition des Cursors
WriteBuf	Prozedur	schreibt Zeichenblock ins Fenster
WriteChar	Prozedur	schreibt Zeichen ins Fenster

Tabelle 2-2 Funktionen und Prozeduren

2.2 Hinweise zur Portierung

DOS-Programme, die mit WinCrt portiert wurden, sind keine *echten* Windows-Programme. Windows erlaubt Multitasking, d.h. mehrere Programme teilen sich den Rechner. Dazu muß jedes Programm die Teile des Rechners (z.B. CPU, Tastatur, Bildschirm), die es nicht mehr benötigt, wieder für andere Programme freigeben. Ein "normales" DOS-Programm geht davon aus, daß es den Rechner für sich alleine hat. Das ändert sich auch durch die Portierung nicht.

Ein "echtes" Windows-Programm hat aber auch noch andere Vorteile:

- *Ereignisgesteuerte Architektur*

Jede Eingabe des Benutzers wird als Ereignis betrachtet, unabhängig davon, ob diese über Tastatur oder Maus erfolgt. Das Programm erhält von Windows eine Nachricht, daß z.B. ein Menüpunkt ausgewählt wurde, nicht *wie* (über Tastatur oder Maus) ausgewählt wurde.

- *Geräteunabhängige Grafik*

Das Programm muß nicht an die verschiedenen Grafikkarten und Drucker angepaßt werden, da Windows bereits über Treiber für fast alle gebräuchlichen Grafikkarten und Drucker verfügt. Somit kann sich der Programmierer ganz auf die Funktionalität seiner Programme konzentrieren.

- Nutzung von Ressourcen

Die Ressourcen und der Quelltext werden getrennt, d. h. Programmressourcen können verändert werden, ohne den Quelltext zu kennen. Dadurch sind Anpassungen leichter möglich, beispielsweise Übersetzungen in andere Sprachen. Ressourcen werden nur bei Bedarf in den Speicher geladen. Auf diese Weise wird möglichst wenig Speicherplatz beansprucht.

- Dynamisches Linken

In einer sogenannten "Dynamischen Linkbibliothek" (DLL) sind Funktionen und Prozeduren enthalten. Im Gegensatz zu einer UNIT werden diese erst zur Laufzeit eingebunden (gelinkt). Zusätzlich können DLL´s von mehreren Programmen gemeinsam benutzt werden, wodurch eine weitere Einsparung an Speicherplatz möglich ist.

Aus diesen Gründen ist es wohl in vielen Fällen sinnvoll, das Programm nicht mit Hilfe von *WinCrt* zu portieren, sondern als "echte" Windows-Anwendung neu zu schreiben.

2.3 Beispiel

Das folgende Programm zeigt die Verwendung der UNIT *WinCrt*. In Programmzeile eins wird die Überschrift des Fensters bestimmt. Dazu wird die Funktion *StrCopy* aus der UNIT *Strings* verwendet. In Programmzeile zwei bis fünf wird die Position und Größe des Fensters festgelegt. Dies geschieht durch Veränderung der typisierten Konstanten *WindowOrg* (Position) und *WindowSize* (Größe). Die Prozedur *InitWinCrt* öffnet das Fenster. Diese Prozedur ist nicht unbedingt nötig, da beim

Aufruf von *Read* oder *Write* in jedem Fall ein Fenster geöffnet wird, falls noch keines vorhanden ist. Bild 2-1 zeigt das Ergebnis.

```
PROGRAM WinCrt1;

USES WinCrt, Strings;

VAR
    Ch : CHAR;

BEGIN
   StrCopy(WindowTitle,'TPW für Kenner');
   WindowOrg.X := 10;
   WindowOrg.Y := 10;
   WindowSize.X := 450;
   WindowSize.Y := 100;
   InitWinCrt;
   GOTOXY(3, 2);
   WRITELN('Turbo Pascal für Windows Programm mit UNIT
           WinCrt');
   Ch := READKEY;
   DoneWinCrt;
END.
```

Bild 2-1 Beispiel mit UNIT WinCrt

2.4 Weitere Möglichkeiten von WinCrt

WinCrt bietet die Möglichkeit, einzelne Funktionen und Prozeduren aus dem *API* (Application Programming Interface) von Windows auszutesten. Da die Programmierung mit dem API, die in Abschnitt 6 beschrieben wird, sehr umfangreich und aufwendig ist, kann es sinnvoll sein, einzelne Funktionen und Prozeduren in einer einfachen Umgebung zu testen. Dies ist oftmals leichter, als mit dem Debugger große Programme mit vielen Funktionen, Prozeduren und Variablen zu untersuchen. Im folgenden Programm werden einige Funktionen und Prozeduren aus dem API verwendet, und die Ergebnisse mit *Writeln* ausgegeben.

```pascal
Program WinCrt2;

Uses WinCrt, Strings, WinProcs, WinTypes;


Function Taste : Char;
Begin
  Taste := ReadKey;
End;


Procedure GetInfos;
Var
    S             : Array [0..255] OF Char;
    Zeile         : String;
    Version, T    : Word;
    RAM, Time     : LongInt;
Begin
  Version := GetVersion;
  Writeln('Windows Version    : ',LO(Version),'.',
          HI(Version));
  GetWindowsDirectory(S, 255);
  Zeile := StrPas(S);
  Writeln('Window Verzeichnis : ',Zeile);
  GetSystemDirectory(S, 255);
  Zeile := StrPas(S);
  Writeln('System Verzeichnis : ',Zeile);
  RAM := GetFreeSpace(0);
  RAM := RAM DIV 1000;
  Writeln('Freier Speicher    : ',RAM,' KBytes');
  T := GetNumTasks;
  Writeln('Anzahl Tasks       : ',T);
  Time := GetCurrentTime;
  Time := Time DIV 1000;
  Time := Time DIV 60;
```

```
    Writeln('Windows läuft seit : ',Time,' Minuten');
End;


Begin
  InitWinCrt;
  Writeln('------------------ Windows Informationen ---
          ------------------');
  Writeln;
  GetInfos;
  Writeln('----------------------------------------------
          ------------------');
  Writeln;
  Writeln('Bitte drücken Sie eine Taste zum Beenden');
  Taste;
  DoneWinCrt;
End.
```

In der Prozedur *GetInfos* werden folgende API Funktionen und Prozeduren verwendet:

- GetVersion

Ermittelt die Version von Windows. Im LO-Word steht die Hauptversionsnummer und im HI-Word die Nebenversionsnummer.

- GetWindowsDirectory

Gibt an, aus welchem Verzeichnis Windows gestartet wurde.

- GetSystemDirectory

Ermittelt das Verzeichnis, in dem die Systemdateien von Windows stehen.

- GetFreeSpace

Gibt den freien Hauptspeicher in Bytes an.

- GetNumTasks

Ermittelt die Anzahl der laufenden Programme.

- GetCurrentTime

Gibt die Zeit an, seit der Windows läuft (Millisekunden).

Bild 2-2 zeigt das Programmfenster mit diesen Informationen.

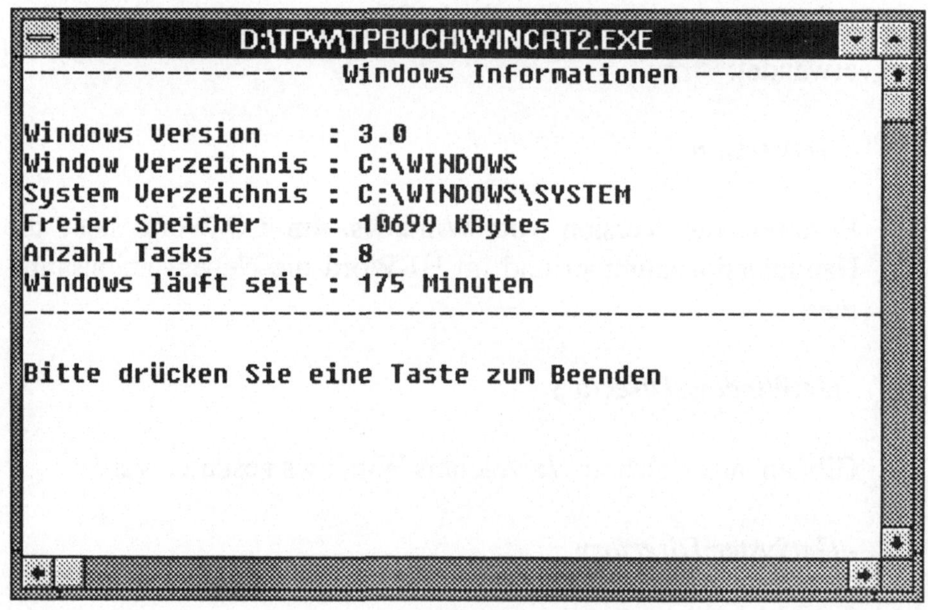

Bild 2-2 Informationen des Programms

Da die Funktionen und Prozeduren des API mit *nullterminierenden Strings* arbeiten, diese mit *Writeln* aber nicht ausgegeben werden können müssen sie in Pascal-Strings konvertiert werden. Dazu liefert die UNIT *STRINGS* zahlreiche Funktionen und Prozeduren. Diese sind in Tabelle 2-3 zusammengestellt.

Name	Beschreibung
StrCat	Verknüpft zwei Strings
StrComp	Vergleicht zwei Strings
StrCopy	Kopiert einen Strings
StrECopy	Kopiert einen String und liefert einen Zeiger auf das Ende der Kopie zurück
StrEnd	Liefert einen Zeiger auf das Ende eines Strings
StrIComp	Vergleicht zwei Strings, ohne Groß- und Kleinschreibung
StrLCat	Hängt Anzahl von Zeichen an einen String an
StrLComp	Vergleicht eine Anzahl Zeichen zweier Strings, ohne Groß- und Kleinschreibung
StrDispose	Gibt den belegten Speicherplatz wieder frei
StrLen	Liefert die Länge des Strings
StrLIComp	Vergleicht zwei Strings bis zu einer Maximallänge, ohne Groß- und Kleinschreibung
StrLower	Konvertiert einen String in Kleinbuchstaben
StrMove	Kopiert Zeichen aus einem String in einen anderen
StrNew	Reserviert Speicher für einen neuen String auf dem Heap
StrPas	Konvertiert einen nullterminierenden String in einen Pascal-String
StrPos	Gibt einen Zeiger auf das erste Vorkommen eines Strings in einem anderen String an
StrPCopy	Konvertiert einen Pascal-String in einen nullterminierenden String

StrRScan	Gibt einen Zeiger auf das erste Vorkommen eines Strings in einem String an
StrScan	Gibt einen Zeiger auf das erste Vorkommen eines Zeichens in einem String an
StrUpper	Konvertiert einen String in Großbuchstaben

Tabelle 2-3 Funktionen und Prozeduren der UNIT STRINGS

Der Umgang mit den nullterminierenden Strings ist für Pascal Programmierer anfangs ungewohnt. C-Programmierer sind damit bereits vertraut. Die Programmierung mit Turbo Pascal unter Windows ist mit zahlreichen Konvertierungen zwischen beiden Stringstypen verbunden, da Turbo Pascal Funktionen und Prozeduren *Pascal-Strings* verwenden und *API*-Funktionen und -Prozeduren mit *nullterminierenden Strings* arbeiten. Der Umgang mit diesen Konvertierungen kann mit *WinCrt* geübt werden.

3 Objektorientiertes Programmieren (OOP) mit ObjectWindows

3.1 Grundlagen der objektorientierten Programmierung

Die objektorientierte Programmierung besitzt Eigenschaften, die mit folgenden drei Begriffen beschrieben werden:

- Kapselung,

- Vererbung,

- Polymorphie.

** Kapselung*

In herkömmlichen Programmen sind Daten und Anweisungen getrennt. Deshalb ist es möglich, daß ein Datenmißbrauch stattfindet, d.h. sich die Operationen auf die falschen Daten beziehen. Dies wird in der objektorientierten Programmierung (OOP) dadurch verhindert, daß sogenannte Objekte definiert werden, in denen Daten und Operationen (*Methoden*) zu Einheiten zusammengefaßt sind, die sich gegenseitig aktivieren (*Kapselung*). Bild 3-1 zeigt den Unterschied zwischen herkömmlicher und objektorientierter Programmierung.

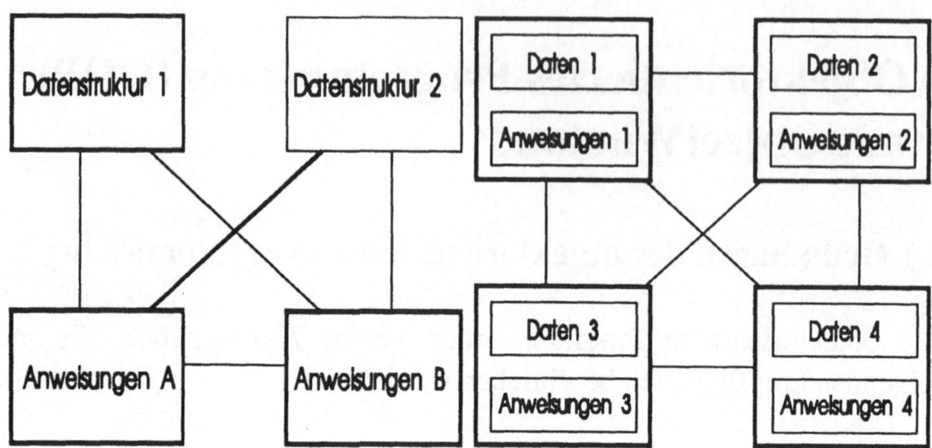

Bild 3-1 Unterschiede zwischen herkömmlicher und objektorientierter Programmierung

* Vererbung

Mit der Vererbung ist es möglich, *Eigenschaften* (Daten) und *Methoden* (Prozeduren und Funktionen) bestehender Objekte zu *übernehmen*. Bestehende Methoden können neu definiert werden, bestehende Datentypen jedoch nicht. Es können aber neue Daten und zugehörige Methoden hinzugefügt werden. Durch diese Vererbungsmechanismen ist es möglich, daß ein aus Objekten aufgebautes Programm leicht erweitert oder an eigene Bedürfnisse angepaßt werden kann. Dadurch wird die Wiederverwendbarkeit von Programmteilen erleichtert. Ebenso können objektorientierte Bibliotheken (z.B. Turbo Vision, Object Windows) erstellt werden.

Durch die Kapselung kann der Anwendungsprogrammierer, der die Objekte verwendet, nicht mehr direkt auf die Daten in diesen Objekten zugreifen. Der Programmierer dieser Objekte kann somit nachträglich die Datentypen verändern, ohne daß sich für den Anwendungsprogrammierer etwas ändert. Nur die Methoden des Grundobjektes müssen an diese neuen Datentypen angepaßt werden. Alle vererbten Objekte benutzen diese neuen Datentypen ohne weitere Änderungen. Der Anwendungsprogrammierer muß sein Programm nur noch einmal mit der neuen UNIT kompilieren.

* Polymorphie

Polymorphie stammt aus dem Griechischen und bedeutet *mehrfache Gestalt* einer Methode. Das bedeutet, daß eine Methode *unterschiedliche* Aktionen ausführt, die vom Objekttyp abhängen. In Turbo Pascal für Windows wird dies durch *virtuelle Methoden* realisiert. Wenn jetzt nachträglich eine Methode aus ObjectWindows an Ihre Bedürfnisse angepaßt werden soll, dann müßte unter normalen Umständen die *UNIT WObjects* neu übersetzt werden. Damit dies nicht notwendig ist, werden die Adressen von virtuellen Methoden erst zur Laufzeit ermittelt. Diese Adressen werden vom Compiler in der *Vituellen Methoden Tabelle (VMT)* verwaltet. Jedes Objekt, das virtuelle Methoden enthält, besitzt eine solche Tabelle. Ein solches Objekt muß einen *Konstruktor* und einen *Destruktor* (Tabelle 3-1) besitzen.

Methode	Beschreibung
Konstruktor	Sorgt für die Einrichtung der VMT. Sie müssen sicherstellen, daß der Konstruktor vor der Verwendung virtueller Methoden aufgerufen wird. Der Konstruktor selbst kann nicht virtuell sein.

Destruktor	Sorgt für die ordnungsgemäße Entfernung der VMT aus dem Speicher. Nach dem Aufruf des Destruktors dürfen keine virtuellen Methoden mehr aufgerufen werden.

Tabelle 3-1 Konstruktor und Destruktor

3.2 Hierarchischer Aufbau von ObjectWindows

ObjectWindows besteht aus folgenden drei UNITS:

- *WObjects* (Haupt-UNIT von ObjectWindows),

- *StdDlgs* (Standard Dialog-Boxen),

- *StdWnds* (Standard Fensterklassen).

ObjectWindows stellt verschiedene Objekte zur Erstellung von Windows-Programmen zur Verfügung. Der hierarchische Aufbau von ObjectWindows wird in Bild 3-2 gezeigt.

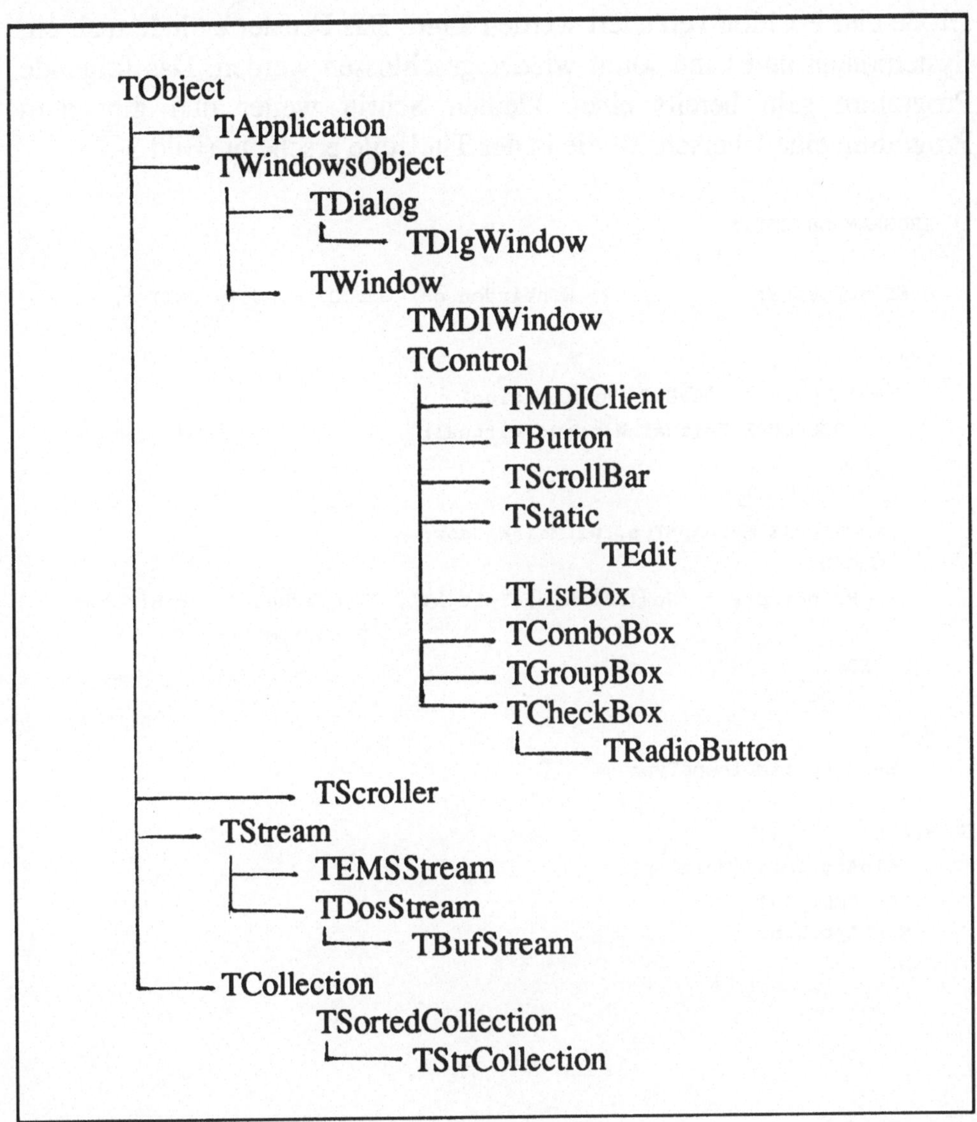

Bild 3-2 Hierarchie von ObjectWindows

3.3 Beispiel

Der Grundtyp einer Anwendung ist der Typ *TApplication*. Damit läßt sich ein Fenster erzeugen, welches mit der Maus auf dem Bildschirm in

Größe und Position verändert werden kann. Das Fenster enthält auch ein Systemmenü und kann somit wieder geschlossen werden. Das folgende Programm geht bereits einen kleinen Schritt weiter und gibt dem Programm eine Überschrift, die in der Titelzeile erscheint (Bild 3-3).

```
PROGRAM OBJECT1;

USES WObjects;                (* Einbinden der OBJECT Windows UNIT *)

TYPE
    MeinAppTyp = OBJECT(TApplication)
      PROCEDURE InitMainWindow; Virtual;
    END;


    PROCEDURE MeinAppTyp.InitMainWindow;
    BEGIN
      MainWindow := New(PWindow, Init(NIL, 'Einfaches ObjectWindows
                                      Programm'));
    END;

VAR
   MeinApp : MeinAppTyp;

BEGIN
  MeinApp.Init('MeinApp');
  MeinApp.Run;
  MeinApp.Done;
END.
```

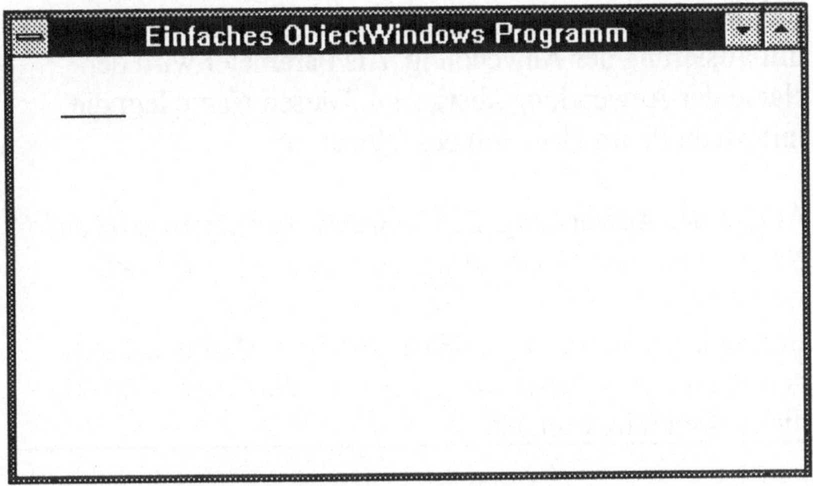

Bild 3-3 Fenster mit Titelzeile

Sie definieren sich einen eigenen Typ (*MeinAppTyp*), der von *TApplication* abstammt. Um die Titelzeile zu definieren müssen Sie die Prozedur *InitMainWindow* verändern. Sie weisen der Variable *MainWindow* einen Zeiger auf das neue Fenster zu. Die Prozedur *Init*, die das Fenster erzeugt, benötigt dazu zwei Parameter:

- Einen Zeiger auf das Parent Windows des Fenster. Jedes Fenster kann weitere Fenster enthalten, sogenannte *Child Windows*. Diese *Child Windows* bekommen bei ihrer Erstellung einen Zeiger auf das *Parent Window*. Da dieses Fenster aber ein ganz neues Fenster werden soll, ist der erste Parameter im vorliegenden Fall NIL.

- Der zweite Parameter ist eine *nullterminierende Zeichenkette*, die den Titel des Fensters enthält.

Vor dem Hauptprogramm definieren Sie noch eine Variable des neuen Fenstertyps. Das Hauptprogramm eines ObjectWindows-Programms braucht, selbst bei großen Programmen, nie mehr als drei Zeilen zu enthalten (Tabelle 3-2).

Methode	Erklärung
Init	Initialisierung der Anwendung. Als Parameter wird der Name der Anwendung übergeben. Diesen Name legt die Init Methode im Datenteil des Objects ab.
Run	Ablauf der Anwendung. Die Anwendung reagiert jetzt auf Nachrichten, die Windows an die Anwendung schickt.
Done	Beenden der Anwendung. Wenn die Run-Methode durch den Benutzer verlassen wird, wird von der Done-Methode die Anwendung beendet.

Tabelle 3-2 Methoden eines ObjectWindows Hauptprogramms

Dieses einfache Programm wird in den folgenden Abschnitten Schritt für Schritt erweitert.

3.4 Verarbeiten von Windows-Botschaften

Windows wandelt alle Ereignisse, beispielsweise Mausbewegungen in Botschaften um. Jedes Programm erhält nun von Windows solche Botschaften. Das Programm selber entscheidet, auf welche Botschaften es reagiert, bzw. welche Botschaften es ignoriert. Damit das Programm auf Botschaften reagieren kann benötigt das Programme eine eigene Fensterklasse. In Zeile 2 wird die neue Fensterklasse *TMeinWindow* als Nachkomme von *TWindow* definiert. *PMeinWindow* ist ein Pointer auf diese neue Fensterklasse. Diese Klasse bildet den Grundstock Ihres Programmes. Sie können diese Klasse so erweitern, daß sie auf Windows Botschaften reagieren kann. Dazu fügen Sie neue Methoden in die Fensterklasse ein.

```
PROGRAM OBJECT3;

USES WObjects, WinTypes, WinProcs;

TYPE
    PMeinWindow = ^TMeinWindow;
    TMeinWindow = OBJECT(TWindow)
      PROCEDURE WMLButtonDown(VAR Msg : TMessage);
                Virtual wm_First + wm_LButtonDown;
    END;
    MeinAppTyp = OBJECT(TApplication)
      PROCEDURE InitMainWindow; Virtual;
    END;



PROCEDURE TMeinWindow.WMLButtonDown(VAR Msg : TMessage);
BEGIN
  MessageBox(HWindow, 'Sie haben die linke Maustaste gedrückt',
                      'Meldung vom Programm', mb_OK);
END;


PROCEDURE MeinAppTyp.InitMainWindow;
    BEGIN
        MainWindow := New(PMeinWindow, Init(NIL, 'TPWBuch
                                ObjectWindows Programm'));
    END;


VAR
    MeinApp : MeinAppTyp;


BEGIN
  MeinApp.Init('MeinApp');
  MeinApp.Run;
  MeinApp.Done;
END.
```

Die Prozedur *WMLButtondown* reagiert auf die Botschaften, die das Programm erhält, wenn die linke Maustaste gedrückt wird. In einer MessageBox wird eine Meldung ausgegeben. Die MessageBox ist ein spezielles Dialogfenster zur Anzeige von Nachrichten. Der Aufruf der Funktion MessageBox benötigt vier Parameter (Tabelle 3-3).

Parameter	Beschreibung
Parent Window	Handle des Fensters, zu dem das Dialogfenster gehören soll. Dieses Fenster erhält die Botschaften, die von den Dialogfenster zurückkommen.
Text	Nullterminierende Zeichenkette, welche die Meldung enthält die angezeigt werden soll.
Caption	Nullterminierende Zeichenkette, welche die Überschrift des Fensters enthält.
Typ	Art des Fensters. Die Konstanten mb_xxx bestimmen Aussehen und Inhalt des Dialogfensters. Bestimmt welche Buttons das Dialogfenster enthalten soll.

Tabelle 3-3 Parameter der Funktion MessageBox

Der Rückgabewert von MessageBox ist 0, wenn nicht genügend Speicherplatz zur Verfügung steht, um das Dialogfenster zu erzeugen. Andernfalls enthält er eine der Konstanten aus Tabelle 3-4.

Konstante	Beschreibung
idAbort	Aktionsschalter *Beenden* gedrückt
idCancel	Aktionsschalter *Abbrechen* gedrückt
idIgnore	Aktionsschalter *Ignorieren* gedrückt
idNo	Kein Aktionsschalter gedrückt
idOK	Aktionsschalter *OK* gedrückt
idRetry	Aktionsschalter *Wiederholen* gedrückt
idYes	Aktionsschalter *Ja* gedrückt

Tabelle 3-4 Rückgabewerte von der Funktion MessageBox

Die Variablen *Msg* enthalten zusätzliche Informationen über die Botschaft. Wenn beispielsweise eine Taste gedrückt wird steht in *Msg*, welche Taste gedrückt wurde. Der Variablenparameter muß in jedem Fall angegeben werden, auch wenn Sie die Zusatzinformationen nicht benötigen. Tabelle 3-5 zeigt die Konstanten für die verschieden Botschaften:

Konstante	Beschreibung	Auslöser
wm_First	Windows Botschaften	Mausklick, Mausbewegungen
id_First	Botschaften von Child-Windows	Dialogboxen
cm_First	Befehlsbotschaften	Menüs, Hotkeys

Tabelle 3-5 Konstante für Botschaften

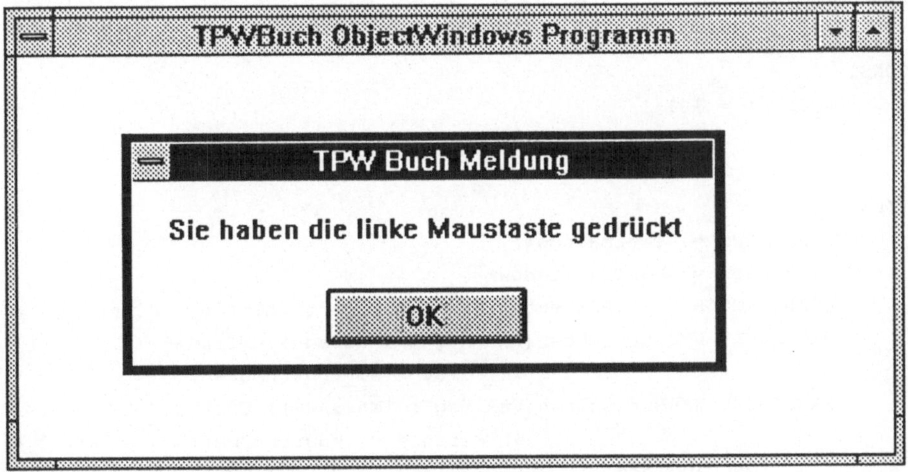

Bild 3-4 Das Programm reagiert auf die linke Maustaste

3.5 Hinzufügen eines Menüs

Der Compilerbefehl $R erlaubt dem Programmierer Ressourcen, die
beispielsweise mit dem Whitewater Resource Toolkit erstellt wurden, in
sein Programm einzubinden.

Das Programm Object4 zeigt die Einbindung und Verwendung einer
Menü-Ressource. Die Erstellung des Menüs mit dem Whitewater
Resource Toolkit ist in Abschnitt 4 beschrieben.

```
PROGRAM OBJECT4;


{$R OBJECT4.RES}


USES WObjects, WinTypes, WinProcs, StdDlgs, Strings;


CONST
     cm_About = 101;
     cm_Exit  = 102;


TYPE
   PMeinWindow = ^TMeinWindow;
   TMeinWindow = OBJECT(TWindow)
     CONSTRUCTOR Init(AParent : PWindowsObject; ATitle : PChar);
     PROCEDURE WMLButtonDown(VAR Msg : TMessage); Virtual
                          wm_First + wm_LButtonDown;
     PROCEDURE WMRButtonDown(VAR Msg : TMessage); Virtual
                          wm_First + wm_RButtonDown;
     FUNCTION CanClose : BOOLEAN; Virtual;
     PROCEDURE About(VAR Msg : TMessage); Virtual
                  cm_First + cm_About;
     PROCEDURE Exit(VAR Msg : TMessage); Virtual
                  cm_First + cm_Exit;
   END;


   MeinAppTyp = OBJECT(TApplication)
     PROCEDURE InitMainWindow; Virtual;


   END;
```

```pascal
CONSTRUCTOR TMeinWindow.Init(AParent : PWindowsObject; ATitle :
                                       PChar);
BEGIN
  TWindow.Init(AParent, ATitle);
  Attr.Menu := LoadMenu(HInstance,'HAUPT_MENU');
END;


PROCEDURE TMeinWindow.WMLButtonDown(VAR Msg : TMessage);
BEGIN
   MessageBox(HWindow, 'Sie haben die linke Maustaste gedrückt',
                    'TPW Buch Meldung', mb_OK);
END;


PROCEDURE TMeinWindow.WMRButtonDown(VAR Msg : TMessage);
BEGIN
   MessageBox(HWindow, 'Sie haben die rechte Maustaste gedrückt',
                    'TPW Buch Meldung', mb_OK);
END;


FUNCTION TMeinWindow.CanClose : BOOLEAN;
VAR Ok : INTEGER;
BEGIN
  CanClose := True;
  Ok := MessageBox(HWindow, 'Wollen Sie das Programm wirklich
                             verlassen ?', 'TPW Buch Meldung',
                             mb_YesNo OR mb_IconQuestion);
  IF Ok = idNo THEN CanClose := False;
END;


PROCEDURE TMeinWindow.About(VAR Msg : TMessage);
BEGIN
   MessageBox(HWindow, 'Sie haben den Menüpunkt ABOUT ausgewählt !',
                    'TPW Buch Meldung', mb_OK);
END;


PROCEDURE TMeinWindow.Exit(VAR Msg : TMessage);
BEGIN
   MessageBox(HWindow, 'Sie haben den Menüpunkt EXIT ausgewählt !',
                    'TPW Buch Meldung', mb_OK);
END;
```

```
PROCEDURE MeinAppTyp.InitMainWindow;
   BEGIN
     MainWindow := New(PMeinWindow, Init(NIL, 'TPWBuch
                                ObjectWindows Programm'));
   END;


VAR
   MeinApp : MeinAppTyp;


BEGIN
  MeinApp.Init('TPWBuchApp');
  MeinApp.Run;
  MeinApp.Done;
END.
```

Das Programm bindet in der folgenden Zeile seine Ressourcendatei ein:

```
{$R OBJECT4.RES}
```

In dieser Datei ist ein Menü unter dem Namen *HAUPT_MENU*
gespeichert.

Die beiden Konstanten *cm_About* und *cm_Exit* stehen für die Werte, die
vom Menü für die einzelnen Menüpunkte zurückgegeben werden. Die
Verwendung von solchen Konstanten erleichtert die Lesbarkeit eines
Programmes. Bei der Deklaration der zugehörigen Prozeduren *About* und
Exit wird zu der fest definierten Konstanten *cm_First* (Tabelle 3-5) der
Wert der jeweiligen Menükonstanten (z.B. *cm_About*) addiert. Ein Menü
ist ein Attribut eines Fensters. Die Erstellungsattribute eines Fensters
sind in dem Record *Attr* gespeichert. Um diesen Record zu verändern,
müssen Sie den *CONSTRUCTOR Init* anpassen. Die folgenden Zeilen
zeigen den *CONSTRUCTOR Init* des Programms:

```
CONSTRUCTOR TMeinWindow.Init(AParent : PWindowsObject;
                             ATitle : PChar);
BEGIN
  TWindow.Init(AParent, ATitle);
  Attr.Menu := LoadMenu(HInstance,'HAUPT_MENU');
END;
```

Tabelle 3-6 zeigt die Felder des Records Attr:

Recordfeld	Typ	Beschreibung
Title	PChar	Überschrift des Fensters
Style	LongInt	Gestaltung des Fensters
ExStyle	LongInt	Gestaltung des Fensters
X, Y	Integer	Linke obere Ecke des Fensters
W, H⁻	Integer	Breite und Höhe des Fensters
Param	Pointer	Parameter kann den Wert Menu oder ID enthalten
	Menu	Handle auf ein Menü
	ID	Handle auf ein untergeordnetes Fenster

Tabelle 3-6 Felder des Records Attr

Wenn der Benutzer in diesem Programm einen Menüpunkt anwählt, dann wird die zugehörige Prozedur (*About* oder *Exit*) ausgeführt, die in einem Fenster den ausgewählten Menüpunkt anzeigt.

3.6 Weitere Ressourcen ins Programm einbinden

Im folgenden wird an drei Beispielen gezeigt, wie Sie die zahlreichen Ressourcen (Abschnitt 4.1) in Ihre Programme einbinden können.

3.6.1 Dialogfenster und Icon

Im folgenden Programm wird eine Dialogfenster und ein Icon zum
Programm hinzugefügt. Das Dialogfenster soll erscheinen, wenn der
Benutzer den Menüpunkt *About* anwählt.

```
PROGRAM OBJECT5;

{$R OBJECT5.RES}

USES WObjects, WinTypes, WinProcs, StdDlgs, Strings;


CONST
     cm_About = 101;
     cm_Exit  = 102;


TYPE
    PMeinWindow = ^TMeinWindow;
    TMeinWindow = OBJECT(TWindow)
      CONSTRUCTOR Init;
      PROCEDURE WMLButtonDown(VAR Msg : TMessage); Virtual
                            wm_First + wm_LButtonDown;
      PROCEDURE WMRButtonDown(VAR Msg : TMessage); Virtual
                            wm_First + wm_RButtonDown;
      FUNCTION CanClose : BOOLEAN; Virtual;
      PROCEDURE About(VAR Msg : TMessage); Virtual
                    cm_First + cm_About;
      PROCEDURE Exit(VAR Msg : TMessage); Virtual
                    cm_First + cm_Exit;
      PROCEDURE GetWindowClass(VAR AWndClass : TWndClass);
                            Virtual;
    END;
```

```pascal
            MeinAppTyp = OBJECT(TApplication)
              PROCEDURE InitMainWindow; Virtual;
            END;


CONSTRUCTOR TMeinWindow.Init;
BEGIN
  TWindow.Init(NIL, 'TPWBuch ObjectWindows Programm');
  Attr.Menu := LoadMenu(HInstance,'HAUPT_MENU');
END;


PROCEDURE TMeinWindow.WMLButtonDown(VAR Msg : TMessage);
BEGIN
  MessageBox(HWindow, 'Sie haben die linke Maustaste gedrückt',
                      'TPW Buch Meldung', mb_OK);
END;


PROCEDURE TMeinWindow.WMRButtonDown(VAR Msg : TMessage);
BEGIN
  MessageBox(HWindow, 'Sie haben die rechte Maustaste gedrückt',
                      'TPW Buch Meldung', mb_OK);
END;


FUNCTION TMeinWindow.CanClose : BOOLEAN;
VAR Ok : INTEGER;
BEGIN
  CanClose := True;
  Ok := MessageBox(HWindow, 'Wollen Sie das Programm wirklich
                             verlassen ?', 'TPW Buch Meldung',
                             mb_YesNo OR mb_IconQuestion);
  IF Ok = idNo THEN CanClose := False;
END;


PROCEDURE TMeinWindow.About(VAR Msg : TMessage);
Var Dialog : TDialog;
    OK     : Integer;
BEGIN
  Dialog.Init(@Self, 'Dialog_1');
  Dialog.Execute;
  Dialog.Done;
END;
```

```
PROCEDURE TMeinWindow.Exit(VAR Msg : TMessage);
BEGIN
  MessageBox(HWindow, 'Sie haben den Menüpunkt EXIT ausgewählt !',
                      'TPW Buch Meldung', mb_OK);
END;
PROCEDURE TMeinWindow.GetWindowClass(VAR AWndClass : TWndClass);
BEGIN
  TWindow.GetWindowClass(AWndClass);
  AWndClass.hIcon := LoadIcon(HInstance, 'ICON_1');
END;


PROCEDURE MeinAppTyp.InitMainWindow;
   BEGIN
     MainWindow := New(PMeinWindow, Init);
   END;


VAR
   MeinApp : MeinAppTyp;


BEGIN
  MeinApp.Init('TPWBuchApp');
  MeinApp.Run;
  MeinApp.Done;
END.
```

Die eigentliche Veränderung findet in der Prozedur *About* statt. Dort wird das in der Ressourcendatei definierte Dialogfenster geladen. In diesem Fenster erscheint ein Textfeld, ein Icon und ein Aktionsschalter. Die drei Methoden *Init*, *Execute* und *Done* (Tabelle 3-7) bilden den Inhalt der Prozedur *About* :

Methode	Erklärung
Init	Initialisierung des Fensters. Als Parameter wird der Name der Fensterklasse übergeben.
Execute	Ablauf des Dialogs. Das Fenster reagiert jetzt auf Nachrichten, die Windows an den Dialog schickt.

Done	Beenden des Dialogs. Wenn die Methode Execute durch den Benutzer verlassen wird, beendet die Methode Done den Dialog.

Tabelle 3-7 Methoden eines ObjectWindows-Dialogs

Bild 3-5 zeigt das laufende Programm mit Menü und Dialogfenster.

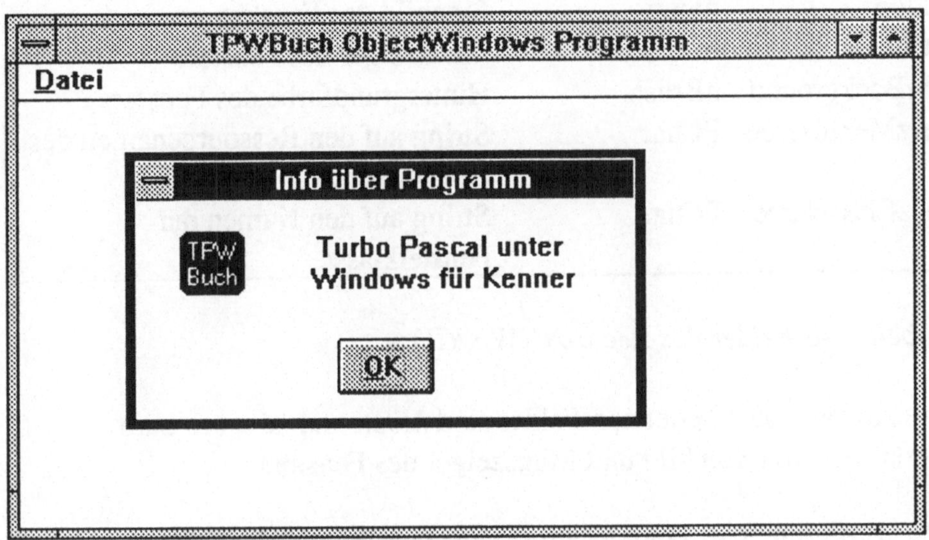

Bild 3-5 Programm mit Dialogfenster

Das Icon im Dialogfenster soll auch erscheinen, wenn das Programm auf dem Desktop verkleinert wird. Dazu wird die Prozedur *GetWindowClass* benützt. In dieser Prozedur wird der Record *TWndClass* des Fensters geholt. Die Tabelle 3-8 zeigt die Felder des Records.

Feldname	Typ	Beschreibung
style	Word	Verhalten und Eigenschaften eines Fensters (z.B. cs_HRedraw baut des Fenster neu auf, wenn sich die Breite des Fenster ändert)

lpfnWndProc	TFarProc	Zeiger auf die Funktion, die Meldungen erhält und verarbeitet
cbClsExtra	Integer	Anzahl der Zusatzbytes am Ende von TWndClass
cbWndExtra	Integer	Anzahl der Zusatzbytes am Ende der Fensterinstanz
hInstance	THandle	Instanz-Handle für das Klassenmodul; darf nicht null sein
hIcon	hIcon	Sinnbild des Fensters
hCursor	hCursor	Mauszeiger des Fensters
hbrBackground	hBrush	Hintergrundfarbe des Fensters
lpszMenuName	PChar	String auf den Ressourcenamen des Fenstermenüs
lpszClassName	PChar	String auf den Namen der Fensterklasse

Tabelle 3-8 Felder des Records TWndClass

Die am häufgsten benutzten Felder sind *hIcon* und *hCursor* zum Verändern von Sinnbild und Mauszeiger des Fensters.

Die Prozedur *GetWindowClass* lädt das Sinnbild *ICON_1* mit der Prozedur *LoadIcon* und legt das Ergebnis in dem Record der Fensterklasse ab:

```
PROCEDURE TMeinWindow.GetWindowClass(VAR AWndClass : TWndClass);
BEGIN
  TWindow.GetWindowClass(AWndClass);
  AWndClass.hIcon := LoadIcon(HInstance, 'ICON_1');
END;
```

3.6.2 Textausgabe

Das Programm OBJECT6 hat ein neues Menü *Ausgabe* erhalten, unter dem der Menüpunkt *Textausgabe* steht. Beim Auswählen dieses Menüpunkts wird die Prozedur *Ausgabe* aktiviert. Damit unter Windows Text ausgegeben werden kann, benötigt man einen Bildschirm-Kontext, der mit der Funktion *GetDC* von Windows angefordert werden kann:

```
MeinDC := GetDC(HWindow);
```

Die Variable *MeinDC* ist vom Typ *HDC*, welcher einen Handle auf einen Bildschirm-Kontext darstellt.

Im folgenden sehen Sie jetzt das vollständige Programm.

```
PROGRAM OBJECT6;

{$R OBJECT6.RES}

USES WObjects, WinTypes, WinProcs, StdDlgs, Strings;


CONST
    cm_About   = 101;
    cm_Exit    = 102;
    cm_Ausgabe = 103;

TYPE
    PMeinWindow = ^TMeinWindow;
    TMeinWindow = OBJECT(TWindow)
      CONSTRUCTOR Init(AParent : PWindowsObject; ATitle : PChar);
      PROCEDURE WMLButtonDown(VAR Msg : TMessage); Virtual
                        wm_First + wm_LButtonDown;
      PROCEDURE WMRButtonDown(VAR Msg : TMessage); Virtual
                        wm_First + wm_RButtonDown;
      FUNCTION CanClose : BOOLEAN; Virtual;
      PROCEDURE About(VAR Msg : TMessage); Virtual
                  cm_First + cm_About;
      PROCEDURE Exit(VAR Msg : TMessage); Virtual
                  cm_First + cm_Exit;
      PROCEDURE Ausgabe(VAR Msg : TMessage); Virtual
                  cm_First + cm_Ausgabe;
```

```
        PROCEDURE GetWindowClass(VAR AWndClass : TWndClass);
                              Virtual;
    END;


    MeinAppTyp = OBJECT(TApplication)
      PROCEDURE InitMainWindow; Virtual;
    END;
CONSTRUCTOR TMeinWindow.Init(AParent : PWindowsObject;
                            ATitle : PChar);
BEGIN
  TWindow.Init(AParent, ATitle);
  Attr.Menu := LoadMenu(HInstance,'HAUPT_MENU');
END;


PROCEDURE TMeinWindow.WMLButtonDown(VAR Msg : TMessage);
BEGIN
  MessageBox(HWindow, 'Sie haben die linke Maustaste gedrückt',
                   'TPW Buch Meldung', mb_OK);
END;


PROCEDURE TMeinWindow.WMRButtonDown(VAR Msg : TMessage);
BEGIN
  MessageBox(HWindow, 'Sie haben die rechte Maustaste gedrückt',
                   'TPW Buch Meldung', mb_OK);
END;


FUNCTION TMeinWindow.CanClose : BOOLEAN;
VAR Ok : INTEGER;
BEGIN
  CanClose := True;
  Ok := MessageBox(HWindow, 'Wollen Sie das Programm wirklich
                           verlassen ?', 'TPW Buch Meldung',
                           mb_YesNo OR mb_IconQuestion);
  IF Ok = idNo THEN CanClose := False;
END;


PROCEDURE TMeinWindow.About(VAR Msg : TMessage);
Var Dialog : TDialog;
BEGIN
  Dialog.Init(@Self, 'Dialog_1');
  Dialog.Execute;
```

```pascal
    Dialog.Done;
END;



PROCEDURE TMeinWindow.Exit(VAR Msg : TMessage);
BEGIN
  MessageBox(HWindow, 'Sie haben den Menüpunkt EXIT ausgewählt !',
                      'TPW Buch Meldung', mb_OK);
END;


PROCEDURE TMeinWindow.Ausgabe(VAR Msg : TMessage);
VAR MeinDC : HDC;
    I      : INTEGER;
    TEXT   : ARRAY [0..255] OF Char;
BEGIN
  MeinDC := GetDC(HWindow);
  I := 10;
  StrCopy(TEXT, 'Maus heißt er, er ist Hausmeister,
                 im Keller meist haust er
                 und wie es heißt maust er');
  REPEAT
    TextOut(MeinDC, I, I, TEXT, StrLen(TEXT));
    I := I + 16;
  UNTIL I > 200;
  ReleaseDC(HWindow, MeinDC);
END;


PROCEDURE TMeinWindow.GetWindowClass(VAR AWndClass : TWndClass);
BEGIN
  TWindow.GetWindowClass(AWndClass);
  AWndClass.hIcon := LoadIcon(HInstance, 'ICON_1');
END;


PROCEDURE MeinAppTyp.InitMainWindow;
    BEGIN
      MainWindow := New(PMeinWindow, Init(NIL, 'TPWBuch
                          ObjectWindows Programm'));
    END;


VAR
```

```
    MeinApp : MeinAppTyp;


BEGIN
  MeinApp.Init('TPWBuchApp');
  MeinApp.Run;
  MeinApp.Done;
END.
```

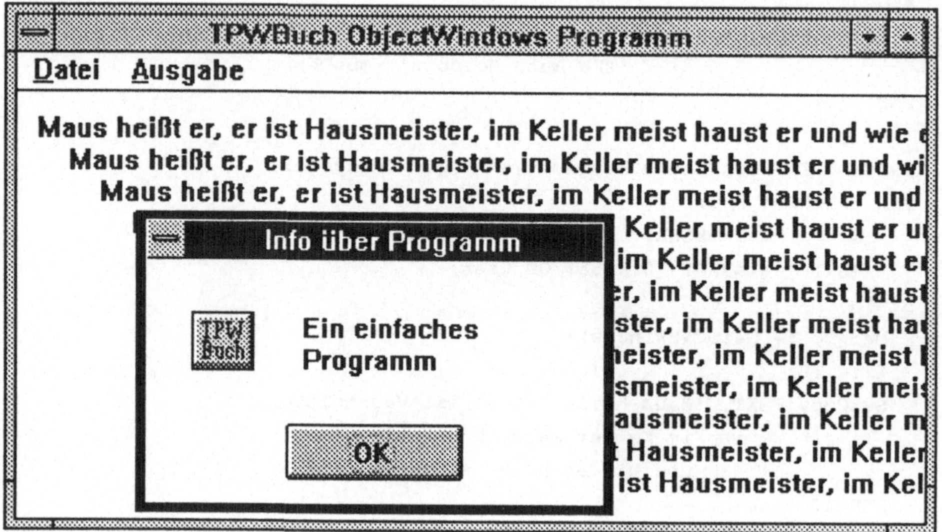

Bild 3-6 Textausgabe und Dialogfenster

3.6.3 Verwenden von mehreren Sinnbildern

Wenn in der Ressourcendatei mehrere Sinnbilder (Icons) definiert sind,
dann besteht die Möglichkeit, mal das eine Sinnbild und mal das andere
Sinnbild anzuzeigen.

Dazu wurde das neue Menü *Icons* entworfen. Es enthält zwei
Menüpunkte: *Icon 1 anzeigen* und *Icon 2 anzeigen*. Mit ihnen können Sie
zwischen den Sinnbildern umschalten. Die beiden Prozeduren *Icon1* und
Icon2 enthalten die entsprechenden Funktionen *LoadIcon* und
SetClassWord:

```
PROCEDURE TMeinWindow.Icon1(VAR Msg : TMessage);
VAR NewIcon : HIcon;
BEGIN
  NewIcon := LoadIcon(HInstance, 'ICON_1');
  SetClassWord(HWindow, gcw_HIcon, NewIcon);
END;


PROCEDURE TMeinWindow.Icon2(VAR Msg : TMessage);
VAR NewIcon : HIcon;
BEGIN
  NewIcon := LoadIcon(HInstance, 'ICON_2');
  SetClassWord(HWindow, gcw_HIcon, NewIcon);
END;
```

Die Funktion *LoadIcon* lädt das Sinnbild aus der Ressourcendatei. Mit Hilfe der Funktion *SetClassWord* wird das neue Sinnbild in den Fensterrecord *TWndClass* (Tabelle 3-8) eingetragen. Bild 3-7 zeigt das Programm mit den beiden Sinnbildern, die auch im Dialogfenster verwendet wurden.

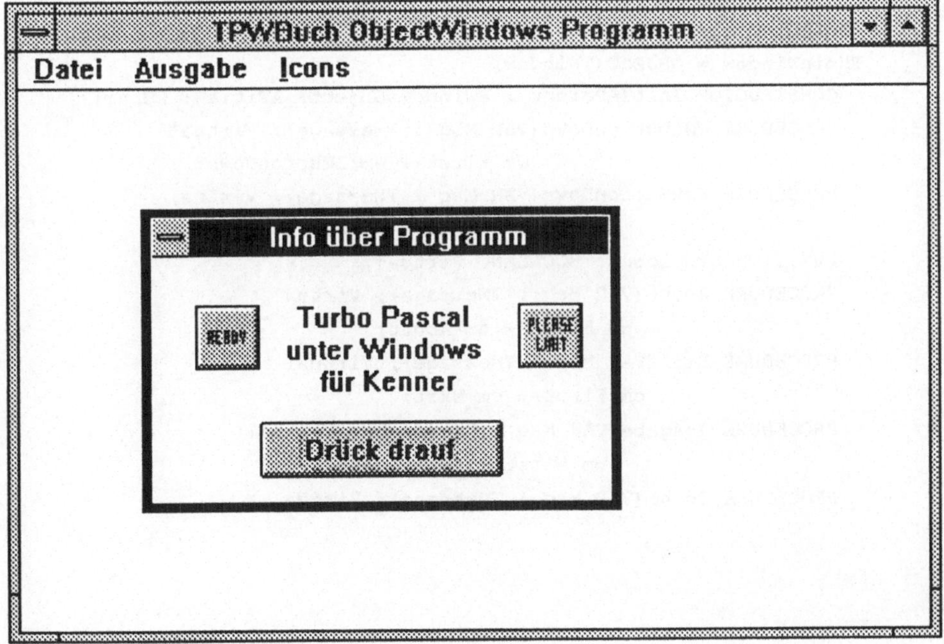

Bild 3-7 Programm mit zwei Sinnbildern

Durch das Verändern der Sinnbilder kann das Programm dem Benutzer Nachrichten übermitteln (z.B. "Programm arbeitet" durch das Sinnbild 'Please Wait').

Im folgenden sehen Sie das vollständige Programm:

```
PROGRAM OBJECT7;

{$R OBJECT7.RES}

USES WObjects, WinTypes, WinProcs, StdDlgs, Strings;


CONST
      cm_About   = 101;
      cm_Exit    = 102;
      cm_Ausgabe = 103;
      cm_Icon1   = 104;
      cm_Icon2   = 105;

TYPE
    PMeinWindow = ^TMeinWindow;
    TMeinWindow = OBJECT(TWindow)
      CONSTRUCTOR Init(AParent : PWindowsObject; ATitle : PChar);
      PROCEDURE WMLButtonDown(VAR Msg : TMessage); Virtual
                           wm_First + wm_LButtonDown;
      PROCEDURE WMRButtonDown(VAR Msg : TMessage); Virtual
                           wm_First + wm_RButtonDown;
      FUNCTION CanClose : BOOLEAN; Virtual;
      PROCEDURE About(VAR Msg : TMessage); Virtual
                  cm_First + cm_About;
      PROCEDURE Exit(VAR Msg : TMessage); Virtual
                  cm_First + cm_Exit;
      PROCEDURE Ausgabe(VAR Msg : TMessage); Virtual
                  cm_First + cm_Ausgabe;
      PROCEDURE Icon1(VAR Msg : TMessage); Virtual
```

```pascal
                          cm_First + cm_Icon1;
        PROCEDURE Icon2(VAR Msg : TMessage); Virtual
                          cm_First + cm_Icon2;
        PROCEDURE GetWindowClass(VAR AWndClass : TWndClass); Virtual;
      END;


      MeinAppTyp = OBJECT(TApplication)
            PROCEDURE InitMainWindow; Virtual;
          END;



CONSTRUCTOR TMeinWindow.Init(AParent : PWindowsObject;
                              ATitle : PChar);
BEGIN
  TWindow.Init(AParent, ATitle);
  Attr.Menu := LoadMenu(HInstance,'HAUPT_MENU');
END;


PROCEDURE TMeinWindow.WMLButtonDown(VAR Msg : TMessage);
BEGIN
  MessageBox(HWindow, 'Sie haben die linke Maustaste gedrückt',
                      'TPW Buch Meldung', mb_OK);
END;


PROCEDURE TMeinWindow.WMRButtonDown(VAR Msg : TMessage);
BEGIN
  MessageBox(HWindow, 'Sie haben die rechte Maustaste gedrückt',
                      'TPW Buch Meldung',
mb_OK);
END;


FUNCTION TMeinWindow.CanClose : BOOLEAN;
VAR Ok : INTEGER;
BEGIN
  CanClose := True;
  Ok := MessageBox(HWindow, 'Wollen Sie das Programm wirklich
                             verlassen ?', 'TPW Buch Meldung',
                             mb_YesNo OR mb_IconQuestion);
  IF Ok = idNo THEN CanClose := False;
END;


PROCEDURE TMeinWindow.About(VAR Msg : TMessage);
```

```pascal
Var Dialog : TDialog;
BEGIN
  Dialog.Init(@Self, 'Dialog_1');
  Dialog.Execute;
  Dialog.Done;
END;


PROCEDURE TMeinWindow.Exit(VAR Msg : TMessage);
BEGIN
  MessageBox(HWindow, 'Sie haben den Menüpunkt EXIT ausgewählt !',
                      'TPW Buch Meldung', mb_OK);
END;


PROCEDURE TMeinWindow.Ausgabe(VAR Msg : TMessage);
VAR MeinDC : HDC;
    I      : INTEGER;
    TEXT   : ARRAY [0..50] OF Char;
BEGIN
  MeinDC := GetDC(HWindow);
  I := 10;
  StrCopy(TEXT, 'Turbo Pascal unter Windows für Kenner');
  REPEAT
    TextOut(MeinDC, I, I, TEXT, StrLen(TEXT));
    I := I + 16;
  UNTIL I > 200;
  ReleaseDC(HWindow, MeinDC);
END;


PROCEDURE TMeinWindow.Icon1(VAR Msg : TMessage);
VAR NewIcon : HIcon;
BEGIN
  NewIcon := LoadIcon(HInstance, 'ICON_1');
  SetClassWord(HWindow, gcw_HIcon, NewIcon);
END;


PROCEDURE TMeinWindow.Icon2(VAR Msg : TMessage);
VAR NewIcon : HIcon;
BEGIN
  NewIcon := LoadIcon(HInstance, 'ICON_2');
  SetClassWord(HWindow, gcw_HIcon, NewIcon);
END;
```

```
PROCEDURE TMeinWindow.GetWindowClass(VAR AWndClass : TWndClass);
BEGIN
  TWindow.GetWindowClass(AWndClass);
  AWndClass.hIcon := LoadIcon(HInstance, 'ICON_1');
END;


PROCEDURE MeinAppTyp.InitMainWindow;
    BEGIN
       MainWindow := New(PMeinWindow, Init(NIL, 'TPWBuch
                            ObjectWindows Programm'));
    END;


VAR
   MeinApp : MeinAppTyp;

BEGIN
  MeinApp.Init('TPWBuchApp');
  MeinApp.Run;
  MeinApp.Done;
END.
```

3.6.4 Eingabe-Dialogfenster und Meldungsfenster im Borland-Stil

Das folgende Programm besitzt ein neues Menü *Eingabe*, das ein
Dialogfenster öffnet, in dem der Name des Benutzers abgefragt wird:

```
PROGRAM OBJECT8;

{$R OBJECT8.RES}

USES WObjects, WinTypes, WinProcs, StdDlgs, Strings, BWCC;


CONST
     cm_About   = 101;
     cm_Exit    = 102;
     cm_Ausgabe = 103;
```

```pascal
        cm_Icon1   = 104;
        cm_Icon2   = 105;
        cm_Eingabe = 106;


TYPE
    PMeinWindow = ^TMeinWindow;
    TMeinWindow = OBJECT(TWindow)
      CONSTRUCTOR Init(AParent : PWindowsObject; ATitle : PChar);
      FUNCTION CanClose : BOOLEAN; Virtual;
      PROCEDURE About(VAR Msg : TMessage); Virtual
                  cm_First + cm_About;
      PROCEDURE Exit(VAR Msg : TMessage); Virtual
                  cm_First + cm_Exit;
      PROCEDURE Ausgabe(VAR Msg : TMessage); Virtual
                    cm_First + cm_Ausgabe;
      PROCEDURE Icon1(VAR Msg : TMessage); Virtual
                  cm_First + cm_Icon1;
      PROCEDURE Icon2(VAR Msg : TMessage); Virtual
                  cm_First + cm_Icon2;
      PROCEDURE Eingabe(VAR Msg : TMessage); Virtual
                    cm_First + cm_Eingabe;
      PROCEDURE GetWindowClass(VAR AWndClass : TWndClass); Virtual;
    END;

    MeinAppTyp = OBJECT(TApplication)
        PROCEDURE InitMainWindow; Virtual;
      END;


CONSTRUCTOR TMeinWindow.Init(AParent : PWindowsObject;
                             ATitle : PChar);
BEGIN
  TWindow.Init(AParent, ATitle);
  Attr.Menu := LoadMenu(HInstance,'HAUPT_MENU');
END;


FUNCTION TMeinWindow.CanClose : BOOLEAN;
VAR Ok : INTEGER;
BEGIN
  CanClose := True;
```

```pascal
    Ok := BWCCMessageBox(HWindow, 'Wollen Sie das Programm wirklich
                                   verlassen ?', 'TPW Buch Meldung',
                                   mb_YesNo OR mb_IconQuestion);
  IF Ok = idNo THEN CanClose := False;
END;


PROCEDURE TMeinWindow.About(VAR Msg : TMessage);
Var Dialog : TDialog;
BEGIN
  Dialog.Init(@Self, 'Dialog_1');
  Dialog.Execute;
  Dialog.Done;
END;


PROCEDURE TMeinWindow.Exit(VAR Msg : TMessage);
BEGIN
  BWCCMessageBox(HWindow, 'Sie haben den Menüpunkt EXIT ausgewählt !',
                          'TPW Buch Meldung', mb_OK);
END;


PROCEDURE TMeinWindow.Ausgabe(VAR Msg : TMessage);
VAR MeinDC : HDC;
    I      : INTEGER;
    TEXT   : ARRAY [0..50] OF Char;
BEGIN
  MeinDC := GetDC(HWindow);
  I := 10;
  StrCopy(TEXT, 'Turbo Pascal unter Windows für Kenner');
  REPEAT
    TextOut(MeinDC, I, I, TEXT, StrLen(TEXT));
    I := I + 16;
  UNTIL I > 200;
  ReleaseDC(HWindow, MeinDC);
END;


PROCEDURE TMeinWindow.Icon1(VAR Msg : TMessage);
VAR NewIcon : HIcon;
BEGIN
  NewIcon := LoadIcon(HInstance, 'ICON_1');
  SetClassWord(HWindow, gcw_HIcon, NewIcon);
END;
```

```
PROCEDURE TMeinWindow.Icon2(VAR Msg : TMessage);
VAR NewIcon : HIcon;
BEGIN
  NewIcon := LoadIcon(HInstance, 'ICON_2');
  SetClassWord(HWindow, gcw_HIcon, NewIcon);
END;




PROCEDURE TMeinWindow.Eingabe(VAR Msg : TMessage);
Var Dialog : TDialog;
BEGIN
  Dialog.Init(@Self, 'Dialog_2');
  Dialog.Execute;
  Dialog.Done;
END;


PROCEDURE TMeinWindow.GetWindowClass(VAR AWndClass : TWndClass);
BEGIN
  TWindow.GetWindowClass(AWndClass);
  AWndClass.hIcon := LoadIcon(HInstance, 'ICON_1');
END;


PROCEDURE MeinAppTyp.InitMainWindow;
   BEGIN
     MainWindow := New(PMeinWindow, Init(NIL, 'TPWBuch
                             ObjectWindows Programm'));
   END;



VAR
   MeinApp : MeinAppTyp;


BEGIN
  MeinApp.Init('TPWBuchApp');
  MeinApp.Run;
  MeinApp.Done;
END.
```

Bild 3-8 zeigt das Dialogfenster für die Eingabe.

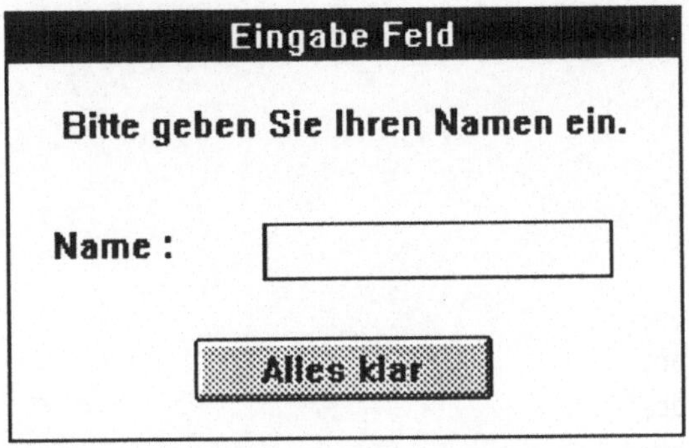

Bild 3-8 Eingabe des Namens in einem Dialogfenster

Das Programm benützt die UNIT *BWCC*, die Funktionen und Prozeduren enthält, um Meldungsfenster im Borland-Stil darzustellen. Diese UNIT stellt die Verbindung zur der Dynamik Link Library (DLL)*BWCC.DLL* dar, in der alle Borland-Stil Funktionen und Prozeduren im Detail programmiert sind. Die Funktionsweise und der Aufbau einer DLL wird in Abschnitt 7.2 näher erläutert.

```
{*****************************************************************}
{                                                               }
{        Turbo Pascal                                           }
{        Borland Custom Control INTERFACE UNIT                  }
{                                                               }
{        Copyright (c) 1991 Borland International               }
{                                                               }
{*****************************************************************}


UNIT BWCC;


INTERFACE


USES WinTypes;

CONST
  BwccVersion        = $0100;
```

```
     BorDlgClass   = 'BorDlg';


     BorDlgProp    = 'FB';


     IdHelp        = 998;


     Button_Class ='BorBtn';
     Radio_Class  ='BorRadio';
     Check_Class  ='BorCheck';


     bbs_Bitmap:Longint    =  $8000;
     bbs_DlgPaint:Longint  =  $4000;
     bbs_ParentNotify:Longint=$2000;
     bbs_OwnerDraw:Longint =  $1000;


     bbm_SetBits     =  ( BM_SETSTYLE + 10);


     bbn_SetFocus        =  ( bn_DoubleClicked + 10);
     bbn_SetFocusmouse =  ( bn_DoubleClicked + 11);
     bbn_GotaTab         =  ( bn_DoubleClicked + 12);
     bbn_GotaBTab        =  ( bn_DoubleClicked + 13);


     Shade_Class = 'BorShade';


     bss_Group         =       1;
     bss_Hdip          =       2;
     bss_Vdip          =       3;
     bss_Hbump         =       4;
     bss_Vbump         =       5;


     bss_DlgErase      =  $8000;
     bss_DlgPaint      =  $4000;


     Static_Class =    'BorStatic';



FUNCTION DialogBox(Instance: THandle; Templatename: PChar;
   WndParent: HWnd; DialogFunc: TFarProc): INTEGER;
FUNCTION DialogBoxParam(Instance: THandle; TemplateName: PChar;
   WndParent: HWnd; DialogFunc: TFarProc; InitParam: LongInt): INTEGER;
```

```pascal
FUNCTION CreateDialog(Instance: THandle; TemplateName: PChar;
  WndParent: HWnd; DialogFunc: TFarProc): HWnd;
FUNCTION CreateDialogParam(Instance: THandle; TemplateName: PChar;
  WndParent: HWnd; DialogFunc: TFarProc; InitParam: LongInt): HWnd;
FUNCTION BWCCMessageBox(WndParent: HWnd; Txt, Caption: PChar;
  TextType: WORD): INTEGER;
FUNCTION BWCCDefDlgProc(Dlg: HWnd; Msg, wParam: WORD; lParam:
  LongInt): LongInt;
FUNCTION BWCCGetPattern: HBrush;
FUNCTION BWCCGetVersion: WORD;
FUNCTION SpecialLoadDialog(hResMod: THandle; Templatename: PChar;
  DialogFunc: TFarProc): THandle;
FUNCTION MangleDialog(hDlg: THandle; hResMod: THandle;
  DialogFunc: TFarProc): THandle;
FUNCTION BWCCDefWindowProc(hWindow: HWnd; Message, wParam: WORD;
  lParam: LongInt): LongInt;
FUNCTION BWCCDefMDIChildProc(hWindow: HWnd; Message, wParam: WORD;
  lParam: LongInt): LongInt;


IMPLEMENTATION


FUNCTION SpecialLoadDialog;              external 'BWCC' index 1;
FUNCTION DialogBox;                      external 'BWCC' index 2;
FUNCTION DialogBoxParam;                 external 'BWCC' index 3;
FUNCTION CreateDialog;                   external 'BWCC' index 4;
FUNCTION CreateDialogParam;              external 'BWCC' index 5;
FUNCTION BWCCDefDlgProc;                 external 'BWCC' index 6;
FUNCTION BWCCMessageBox;                 external 'BWCC' index 9;
FUNCTION BWCCGetPattern;                 external 'BWCC' index 10;
FUNCTION BWCCGetVersion;                 external 'BWCC' index 11;
FUNCTION MangleDialog;                   external 'BWCC' index 12;
FUNCTION BWCCDefWindowProc;              external 'BWCC' index 14;
FUNCTION BWCCDefMDIChildProc;            external 'BWCC' index 15;


END.
```

Die Aufrufe der Funktionen und Prozeduren unterscheiden sich meist nur durch den Vorsatz *'BWCC'* von den entsprechenden Windows-API Funktionen (API : Application Programming Interface). Da die Parameter gleich sind, können die Programme leicht an den Borland-Stil angepaßt werden.

Im Programm wurde in der Funktion *CanClose* eine Meldung im Borland-Stil verwendet. Dazu wurde die bisherige Funktion *MessageBox* durch die Funktion *BWCCMessageBox* ersetzt.

```
FUNCTION TMeinWindow.CanClose : BOOLEAN;
VAR Ok : INTEGER;
BEGIN
  CanClose := True;
  Ok := BWCCMessageBox(HWindow, 'Wollen Sie das Programm wirklich
                                 verlassen ?', 'TPW Buch Meldung',
                                 mb_YesNo OR mb_IconQuestion);
  IF Ok = idNo THEN CanClose := False;
END;
```

Bild 3-9 zeigt die neue Abfrage beim Verlassen des Programms.

Bild 3-9 Meldung im Borland-Stil

3.6.5 Aktionsschalter, Listen, Kombinationsboxen und Text

ObjectWindows stellt u.a. dem Programmierer die Objekte *TButton*, *TStatic*, *TListBox* und *TComboBox* zur Verfügung. Bild 3-10 zeigt diese Objekte in der Hierarchie von *ObjectWindows*.

```
TControl
        TMDIClient
        TButton
        TScrollBar
        TStatic
                TEdit
        TListBox
        TComboBox
        TGroupBox
        TCheckBox
                TRadioButton
```

Bild 3-10 Teile der Hierarchie von ObjectWindows

Aktionsschalter

Im folgenden Programm Object9 findet der Dialog mit dem Benutzer
über zwei Aktionsschalter statt. Mit der Maus kann der Benutzer auf die
Schalter *Meldung* oder *ENDE* klicken. Wird der Aktionsschalter
Meldung betätigt, so wird eine Nachricht an den Benutzer ausgegeben.
Der Schalter *Ende* beendet das Programm.

```
PROGRAM OBJECT9;

USES WObjects, WinTypes, WinProcs, Strings, StdDlgs;

TYPE
    PMeinApp = ^TMeinApp;
```

```pascal
      TMeinApp = OBJECT(TApplication)
        PROCEDURE InitMainWindow; Virtual;
      END;


      PMeinWindow = ^TMeinWindow;
      TMeinWindow = OBJECT(TWindow)
        Knopf1, Knopf2 : PButton;

        CONSTRUCTOR Init(AParent : PWindowsObject;
                         ATitle : PChar);
        FUNCTION CanClose : BOOLEAN; Virtual;
        PROCEDURE Button_Ende(VAR Msg : TMessage); Virtual
                              id_First + 101;
        PROCEDURE Button_Meldung(VAR Msg : TMessage); Virtual
                                 id_First + 102;
      END;



PROCEDURE TMeinApp.InitMainWindow;
BEGIN
  MainWindow := New(PMeinWindow, Init(NIL, 'Turbo Pascal unter Windows
für Kenner'));
END;


CONSTRUCTOR TMeinWindow.Init(AParent : PWindowsObject; ATitle :
PChar);
BEGIN
  TWindow.Init(AParent, ATitle);
  Attr.X := 50;
  Attr.Y := 50;
  Attr.W := 500;
  Attr.H := 250;
  Knopf1 := New(PButton, Init(@Self, 101, 'E N D E',
                             175, 60, 120, 40, False));
  Knopf2 := New(PButton, Init(@Self, 102, 'Meldung',
                             175, 120, 120, 40, True));
END;


FUNCTION TMeinWindow.CanClose : BOOLEAN;
BEGIN
  CanClose := True;
```

```
          MessageBox(hWindow, 'und tschüß ...', 'Meldung', mb_OK);
     END;



PROCEDURE TMeinWindow.Button_Ende(VAR Msg : TMessage);
BEGIN
  PostQuitMessage(0);
END;


PROCEDURE TMeinWindow.Button_Meldung(VAR Msg : TMessage);
BEGIN
  MessageBox(hWindow, 'Sie wollten doch so eine Meldung sehen ?',
                      'Mitteilung an Benutzer', mb_OK);
END;


VAR
   App : TMeinApp;


BEGIN
  App.Init('Dialog');
  App.Run;
  App.Done;
END.
```

Die Aktionsschalter (*Knopf1* und *Knopf2*) werden im Fensterobjekt
TMeinWindow als Variable vom Typ *PButton* definiert. Im Konstruktor
TMeinWindow.Init werden die Aktionsschalter initialisiert.

```
CONSTRUCTOR TMeinWindow.Init(AParent : PWindowsObject;
                            ATitle : PChar);
BEGIN
  TWindow.Init(AParent, ATitle);
  Attr.X := 50;
  Attr.Y := 50;
  Attr.W := 500;
  Attr.H := 250;
  Knopf1 := New(PButton, Init(@Self, 101, 'E N D E',
                         175, 60, 120, 40, False));
  Knopf2 := New(PButton, Init(@Self, 102, 'Meldung',
                         175, 120, 120, 40, True));

END;
```

Tabelle 3-9 beschreibt die Initialisierungsparameter eines Aktionsschalters.

Parametertyp	Wert	Beschreibung
Pointer	@Self	Zeiger auf die Fensterinstanz
Integer	101	Identifikationsnummer des Schalters (<id_Nummer>)
PChar	'ENDE'	Text im Schalter
Integer	175	x-Wert der linken oberen Ecke des Schalters
Integer	60	y-Wert der linken oberen Ecke des Schalters
Integer	120	Länge des Schalters
Integer	40	Breite des Schalters
Boolean	FALSE	TRUE für vorausgewählten Schalter; FALSE für alle anderen Schalter

Tabelle 3-9 Parameter eines Aktionsschalters

Die Prozeduren *Button_Ende* und *Button_Meldung* werden aufgerufen, wenn der Benutzer den jeweiligen Schalter betätigt. Diese Prozeduren sind mit dem entsprechenden Aktionsschalter durch desssen <id_Nummer> (101, 102) verbunden.

Der Aktionsschalter *Meldung* ist der vorausgewählte Schalter. Solche vorausgewählten Schalter helfen dem Benutzer, sich leichter im Programm zurechtzufinden. Dem Benutzer wird vorgeschlagen, was er sinnvollerweise tun sollte. Im vorliegenden Programm sollte er beispielsweise zuerst die *Meldung* anwählen, bevor er mit dem Schalter *ENDE* das Programm verläßt.

Bild 3-11 zeigt das laufende Programm, nach Betätigung des Schalters
Meldung.

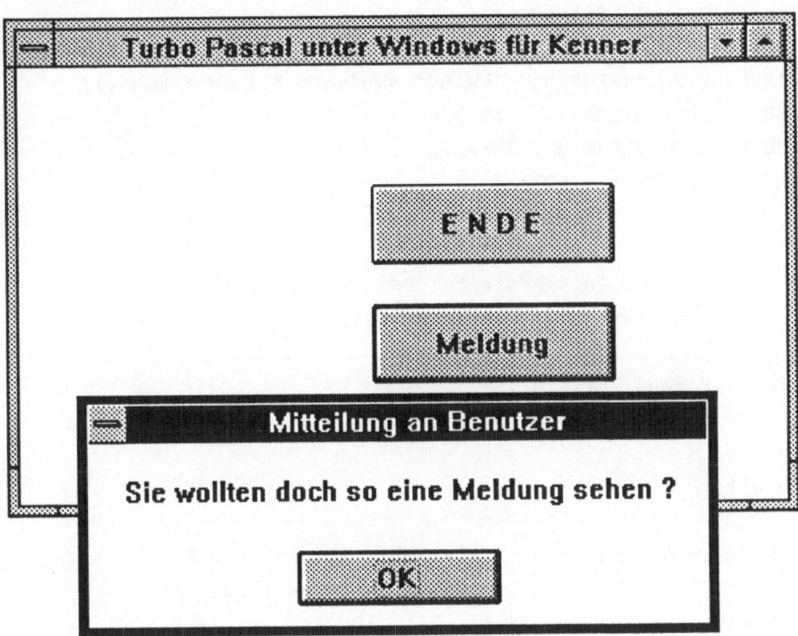

Bild 3-11 Programm mit Meldung

Listboxen

Das Programm Object10 zeigt die Verwendung von Auswahlboxen. Der
Benutzer kann eine dieser Möglichkeiten auswählen.

```
PROGRAM OBJECT10;

USES WObjects, WinTypes, WinProcs, Strings, StdDlgs;

TYPE
    PMeinApp = ^TMeinApp;
    TMeinApp = OBJECT(TApplication)
      PROCEDURE InitMainWindow; Virtual;
    END;
```

```pascal
          PMeinWindow = ^TMeinWindow;
          TMeinWindow = OBJECT(TWindow)
            Schalter_Ende   : PButton;
            Liste           : PListBox;

            CONSTRUCTOR Init(AParent : PWindowsObject; ATitle : PChar);
            PROCEDURE SetupWindow; Virtual;
            PROCEDURE Ende(VAR Msg : TMessage); Virtual
                      id_First + 101;
          END;


CONSTRUCTOR TMeinWindow.Init(AParent : PWindowsObject;
                             ATitle : PChar);
BEGIN
  TWindow.Init(AParent, ATitle);
  Attr.X := 100;
  Attr.Y := 100;
  Attr.W := 350;
  Attr.H := 200;
  Schalter_Ende := New(PButton, Init(@Self, 101, 'E N D E',
                                    180, 20, 150, 40, False));
  Liste := New(PListBox, Init(@Self, 201, 10, 20, 145, 80));
  Liste^.Attr.Style := Liste^.Attr.Style AND NOT lbs_Sort;
END;


PROCEDURE TMeinWindow.SetupWindow;
VAR
   i : INTEGER;
BEGIN
  TWindow.SetupWindow;
  WITH Liste^ DO
  BEGIN
    AddString('Dies sind die');
    AddString('verschiedenen');
    AddString('Elemente,');
    AddString('die in');
    AddString('der Liste');
    AddString('angezeigt');
    AddString('werden.');
  END;
END;
```

```
PROCEDURE TMeinWindow.Ende;
Var
    Wahl     : Array [0..255] Of Char;
    Auswahl : PChar;
BEGIN
  Liste^.GetSelString(Wahl, 80);
  Auswahl := StrNew(Wahl);
  StrCopy(Auswahl, 'Ihre Wahl war : ');
  StrCat(Auswahl, Wahl);
  MessageBox(hWindow, Auswahl, 'Mitteilung', mb_OK);
  PostQuitMessage(0);
END;


PROCEDURE TMeinApp.InitMainWindow;
BEGIN
  MainWindow := New(PMeinWindow, Init(NIL, 'Turbo Pascal
                          unter Windows für Kenner'));
END;



VAR
    App : TMeinApp;


BEGIN
  App.Init('TPWBuch');
  App.Run;
  App.Done;
END.
```

Zuerst wird eine Variable vom Typ *PListbox* im Objekt *TMeinWindow* deklariert. Die Auswahlbox wird, ebenso wie der Aktionsschalter, im Constructor *TMeinWindow.Init* initialisiert.

```
CONSTRUCTOR TMeinWindow.Init(AParent : PWindowsObject;
                        ATitle : PChar);
```

```
BEGIN
  TWindow.Init(AParent, ATitle);
  Attr.X := 100;
  Attr.Y := 100;
  Attr.W := 350;
  Attr.H := 200;
  Schalter_Ende := New(PButton, Init(@Self, 101, 'E N D E',
                                  180, 20, 150, 40, False));
  Liste := New(PListBox, Init(@Self, 201, 10, 20, 145, 80));
  Liste^.Attr.Style := Liste^.Attr.Style AND NOT lbs_Sort;
END;
```

In Tabelle 3-10 sind die Initialisierungsparameter einer Auswahlbox zusammengestellt.

Parametertyp	Wert	Beschreibung
Pointer	@Self	Zeiger auf die Fensterinstanz
Integer	201	Identifikationsnummer der Auswahlbox (<id_Nummer>)
Integer	10	x-Wert der linken oberen Ecke der Auswahlbox
Integer	20	y-Wert der linken oberen Ecke der Auswahlbox
Integer	145	Länge der Auswahlbox
Integer	80	Breite der Auswahlbox

Tabelle 3-10 Initialisierungsparameter einer Auswahlbox

Das Feld *TListBox.Attr.Style* beschreibt das Aussehen der Auswahlbox. Die Standardeinstellung für Auswahlboxen sieht vor, daß die Textzeilen automatisch alphabetisch sortiert werden. Diese Voreinstellung wird in diesem Programm nicht benötigt. Deshalb verändern Sie das Feld *Attr.Style* auf NOT *lbs_Sort*.

```
Liste^.Attr.Style := Liste^.Attr.Style AND NOT lbs_Sort;
```

Mit den Methoden von *TListBox* kann der Programmierer den Inhalt der Auswahlboxen bearbeiten (z.B. Elemente einfügen oder löschen). Die wichtigsten Methoden sind:

AddString

Fügt eine Textzeile in die Auswahlbox ein und gibt den Indexwert zurück.

```
Function AddString (AString : PChar) : Integer;
```

ClearList

Löscht den Inhalt der Auswahlbox.

```
Procedure ClearList;
```

DeleteString

Löscht eine Textzeile an der Position Index und gibt die Anzahl der noch verbleibenden Textzeilen zurück.

```
Function DeleteString (Index : Integer); Integer;
```

GetCount

Gibt die Anzahl der Textzeilen in der Auswahlbox zurück.

```
Function GetCount : Integer;
```

GetSelIndex

Gibt den Index der ausgewählten Textzeile zurück.

```
Function GetSelIndex : Integer;
```

GetSelString

Gibt *MaxChars* Zeichen der ausgewählten Textzeile zurück.

```
Function GetSelString (AString : PChar; MaxChars : Integer) :
                       Integer;
```

InsertString

Fügt eine Textzeile an der Stelle Index in die Auswahlbox ein und
gibt den Indexwert der Textzeile zurück.

```
Function InsertString(AString : PChar; Index : Integer) : Integer;
```

Um Textzeilen in die Liste einzufügen, eignet sich die Methode
TWindow.SetupWindow. Diese wird in *TMeinWindow.SetupWindow* so
erweitert, daß die Auswahlbox mit den gewünschten Textzeilen gefüllt
wird. Dazu wird die Methode *AddString* verwendet.

```
PROCEDURE TMeinWindow.SetupWindow;
VAR
   i : INTEGER;
BEGIN
  TWindow.SetupWindow;
  WITH Liste^ DO
  BEGIN
    AddString('Dies sind die');
    AddString('verschiedenen');
    AddString('Elemente,');
    AddString('die in');
    AddString('der Liste');
    AddString('angezeigt');
    AddString('werden.');
  END;
END;
```

Der Benutzer kann jetzt mit der Maus (oder über die Tastatur) eine Textzeile auswählen. Das Programm reagiert erst wieder, wenn der Benutzer den Schalter *ENDE* betätigt. In der Prozedur *TMeinWindow.Ende* wird durch die Methode *GetSelString* die ausgewählte Textzeile ermittelt und in einem Meldungsfenster angezeigt (Bild 3-12).

```
PROCEDURE TMeinWindow.Ende;
Var
    Wahl    : Array [0..255] Of Char;
    Auswahl : PChar;
BEGIN
  Liste^.GetSelString(Wahl, 80);
  Auswahl := StrNew(Wahl);
  StrCopy(Auswahl, 'Ihre Wahl war : ');
  StrCat(Auswahl, Wahl);
  MessageBox(hWindow, Auswahl, 'Mitteilung', mb_OK);
  PostQuitMessage(0);
END;
```

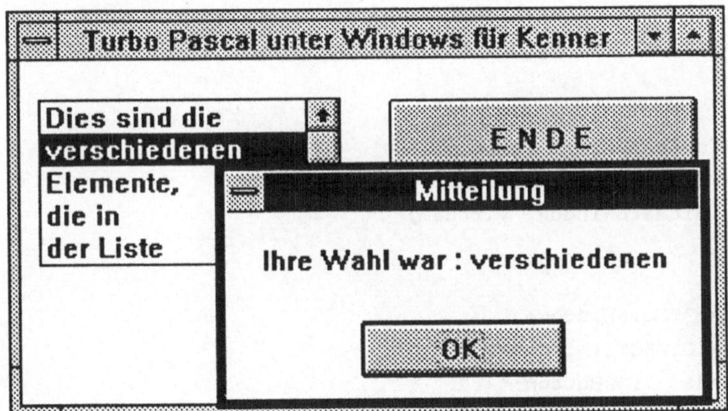

Bild 3-12 Auswahlbox mit Anzeige der ausgesuchten Textzeile

Kombinationsboxen

Das Programm Object11 zeigt eine Erweiterung der Auswahlbox, die *Kombinationsbox*. Sie stellt eine Kombination einer Auswahlbox und

einer Eingabezeile dar. Der Benutzer kann selbst eine Eingabe machen,
oder in der vorgegebenen Liste eine Auswahl treffen. ObjectWindows
stellt dem Programmierer das Objekt *TComboBox* zur Verfügung, mit
dem drei verschiedene Arten von Kombinationsboxen erstellt werden
können (Tabelle 3-11).

Art	Konstante	Beschreibung
einfach	cbs_simple	Die Liste ist ständig sichtbar
verdeckte Liste	cbs_DropDown	Die Auswahlliste wird nur angezeigt, wenn der Benutzer sie öffnet
verdeckte Liste	cbs_DropDown List	Wie cbs_DropDown, aber die Eingabe ist auf die Listenelemente beschränkt

Tabelle 3-11 Arten von Kombinationsboxen

```
PROGRAM OBJECT11;

USES WObjects, WinTypes, WinProcs, Strings, StdDlgs;

TYPE
    PMeinApp = ^TMeinApp;
    TMeinApp = OBJECT(TApplication)
      PROCEDURE InitMainWindow; Virtual;
    END;


    PMeinWindow = ^TMeinWindow;
    TMeinWindow = OBJECT(TWindow)
      Schalter_Ende   : PButton;
      Kombi           : PComboBox;

      CONSTRUCTOR Init(AParent : PWindowsObject; ATitle : PChar);
      PROCEDURE SetupWindow; Virtual;
      PROCEDURE Ende(VAR Msg : TMessage); Virtual
              id_First + 101;
```

```
            PROCEDURE Reaktion(VAR Msg : TMessage); Virtual
                      id_First + 201;
        END;




CONSTRUCTOR TMeinWindow.Init(AParent : PWindowsObject; ATitle :
                            PChar);
BEGIN
  TWindow.Init(AParent, ATitle);
  Attr.X := 100;
  Attr.Y := 100;
  Attr.W := 350;
  Attr.H := 200;
  Schalter_Ende := New(PButton, Init(@Self, 101, 'E N D E',
                                    180, 10, 150, 40, False));
  Kombi := New(PComboBox, Init(@Self, 201, 10, 20, 145, 120,
  cbs_DropDown, 0));
END;

PROCEDURE TMeinWindow.SetupWindow;
VAR
   i : INTEGER;
BEGIN
  TWindow.SetupWindow;
  WITH Kombi^ DO
  BEGIN
    AddString('Auswahl 1');
    AddString('Auswahl 2');
    AddString('Auswahl 3');
    AddString('Auswahl 4');
    AddString('Auswahl 5');
    AddString('Auswahl 6');
    AddString('Auswahl 7');
    AddString('Auswahl 8');
    AddString('Auswahl 9');
  END;
END;

PROCEDURE TMeinWindow.Ende;
BEGIN
```

```pascal
      PostQuitMessage(0);
  END;



  PROCEDURE TMeinApp.InitMainWindow;
  BEGIN
    MainWindow := New(PMeinWindow, Init(NIL, 'Turbo Kascal unter
                                       Windows für Penner'));
  END;


  PROCEDURE TMeinWindow.Reaktion(VAR Msg : TMessage);
  Var
     Wahl     : Array [0..255] Of Char;
     Auswahl : PChar;
  BEGIN
    IF Msg.lParamHi = cbn_SelChange THEN
    BEGIN
      Kombi^.GetSelString(Wahl, 80);
      Auswahl := StrNew(Wahl);
      StrCopy(Auswahl, 'Ihre Wahl war : ');
      StrCat(Auswahl, Wahl);
      MessageBox(hWindow, Auswahl, 'Mitteilung', mb_OK);
    END;
  END;


VAR
    App : TMeinApp;

BEGIN
  App.Init('TPWBuch');
  App.Run;
  App.Done;
END.
```

Die Initialisierung der Kombinationsbox findet im Constructor *TMeinWindow.Init* statt. Tabelle 3-12 zeigt die Initialisierungsparameter von TComboBox.

Parametertyp	Wert	Beschreibung
Pointer	@Self	Zeiger auf die Fensterinstanz
Integer	201	Identifikationsnummer der Kombinationsbox (<id_Nummer>)
Integer	10	x-Wert der linken oberen Ecke der Kombinationsbox
Integer	20	y-Wert der linken oberen Ecke der Kombinationsbox
Integer	145	Länge der Kombinationsbox
Integer	80	Breite der Kombinationsbox
Konstante	cbs_DropDown	Art der Kombinationsbox
Integer	0	Länge der Eingabezeile (0: keine Beschränkung)

Tabelle 3-10 Initialisierungsparameter einer Kombinationsbox

Die Kombinationsbox wird, wie im vorigen Beispiel die Auswahlbox, in der Prozedur *TMeinWindow.SetupWindow* mit Textzeilen gefüllt. Die dazu verwendete Methode *TComboBox.AddString* entspricht der Methode *TListBox.AddString* des vorhergehenden Beispiels.

```
PROCEDURE TMeinWindow.SetupWindow;
VAR
   i : INTEGER;
BEGIN
  TWindow.SetupWindow;
  WITH Kombi^ DO
  BEGIN
    AddString('Auswahl 1');
    AddString('Auswahl 2');
    AddString('Auswahl 3');
    AddString('Auswahl 4');
    AddString('Auswahl 5');
    AddString('Auswahl 6');
    AddString('Auswahl 7');
    AddString('Auswahl 8');
    AddString('Auswahl 9');
```

```
    END;
  END;
```

Zusätzlich zu den Methoden von *TListBox* besitzt *TComboBox* folgende Methoden:

HideList

Schließt die Auswahlliste der Kombinationsbox.

```
Procedure HideList;
```

ShowList

Zeigt die Auswahlliste der Kombinationsbox an.

```
Procedure ShowList;
```

Das Programm reagiert, sobald der Benutzer eine neue Auswahl getroffen hat. Die Auswahl wird in einem Meldungsfenster angezeigt. Diese Ausgabe wird in der Prozedur *TMeinWindow.Reaktion* festgelegt.

```
PROCEDURE TMeinWindow.Reaktion(VAR Msg : TMessage);
Var
    Wahl     : Array [0..255] Of Char;
    Auswahl : PChar;
BEGIN
  IF Msg.lParamHi = cbn_SelChange THEN
  BEGIN
    Kombi^.GetSelString(Wahl, 80);
    Auswahl := StrNew(Wahl);
    StrCopy(Auswahl, 'Ihre Wahl war : ');
    StrCat(Auswahl, Wahl);
    MessageBox(hWindow, Auswahl, 'Mitteilung', mb_OK);
  END;
END;
```

In Tabelle 3-11 sind die verschiedenen Botschaften beschrieben, die eine
Kombinationsbox an das Programm schickt, wenn der Benutzer eine
Veränderung vornimmt. Diese Botschaften stehen im Parameter
lParamHi der Variablen *Msg*.

Konstante	Beschreibung
cbn_DblClk	Benutzer hat eine Textzeile durch Doppelklick mit der Maus ausgewählt
cbn_DropDown	Benutzer hat die Auswahlliste geöffnet
cbn_EditChange	Benutzer hat den Text im Eingabefeld verändert
cbn_SelChange	Benutzer hat eine neue Auswahl getroffen

Tabelle 3-11 Botschaften von Kombinationsboxen

In Bild 3-13 wird das Programm mit aktivierter Kombinationsbox
gezeigt.

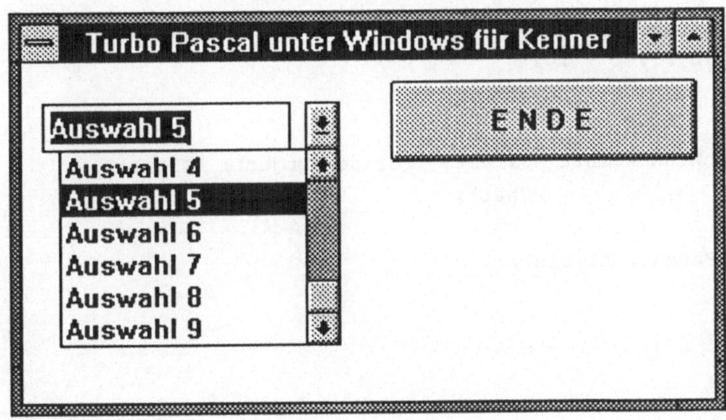

Bild 3-13 Aktivierte Kombinationsbox

Text

Das Objekt *TStatic* stellt für den Programmierer die Möglichkeit dar,
Text auszugeben, der vom Benutzer nicht verändert werden kann
(*statischer Text*). Die Deklaration findet im Objekt *TMeinWindow* statt.

```pascal
PROGRAM OBJECT12;

USES WObjects, WinTypes, WinProcs, Strings, StdDlgs;

TYPE
    PMeinApp = ^TMeinApp;
    TMeinApp = OBJECT(TApplication)
      PROCEDURE InitMainWindow; Virtual;
    END;

    PMeinWindow = ^TMeinWindow;
    TMeinWindow = OBJECT(TWindow)
      Schalter_Ende,
      Schalter_Wechseln  : PButton;
      Anzeige            : PStatic;

      CONSTRUCTOR Init(AParent : PWindowsObject; ATitle : PChar);
      PROCEDURE SetupWindow; Virtual;
      PROCEDURE Ende(VAR Msg : TMessage); Virtual
              id_First + 101;
      PROCEDURE Anzeige_Wechseln(VAR Msg : TMessage); Virtual
              id_First + 102;
    END;

CONSTRUCTOR TMeinWindow.Init(AParent : PWindowsObject; ATitle :
                            PChar);
BEGIN
  TWindow.Init(AParent, ATitle);
  Attr.X := 100;
  Attr.Y := 100;
  Attr.W := 350;
  Attr.H := 200;
  Schalter_Ende := New(PButton, Init(@Self, 101, 'E N D E',
                            100, 100, 150, 40, False));
  Schalter_Wechseln := New(PButton, Init(@Self, 102, 'Text ändern',
                                100, 50, 150, 40, False));
  Anzeige := New(PStatic, Init(@Self, 201, 'Beim Flachdach',
                            100, 10, 200, 30, 50));
END;
```

```pascal
PROCEDURE TMeinWindow.SetupWindow;
VAR
   i : INTEGER;
BEGIN
  TWindow.SetupWindow;
END;


PROCEDURE TMeinWindow.Ende;
BEGIN
  PostQuitMessage(0);
END;


PROCEDURE TMeinWindow.Anzeige_Wechseln;
VAR
   Inhalt : ARRAY [0..50] OF CHAR;
   C      : INTEGER;
BEGIN
  Anzeige^.GetText(Inhalt, 50);
  C := StrComp(Inhalt, 'Beim Flachdach');
  IF C = 0 THEN
    Anzeige^.SetText('ist''s Dach flach')
  ELSE
    Anzeige^.SetText('Beim Flachdach');
END;


PROCEDURE TMeinApp.InitMainWindow;
BEGIN
  MainWindow := New(PMeinWindow, Init(NIL, 'Turbo Pascal unter
                                 Windows für Kenner'));
END;



VAR
   App : TMeinApp;


BEGIN
  App.Init('TPWBuch');
  App.Run;
  App.Done;
END.
```

Die Initialisierung des statischen Textfeldes findet im Constructor *TMeinWindow.Init* statt.

```
CONSTRUCTOR TMeinWindow.Init(AParent : PWindowsObject;
                             ATitle : PChar);
BEGIN
  TWindow.Init(AParent, ATitle);
  Attr.X := 100;
  Attr.Y := 100;
  Attr.W := 350;
  Attr.H := 200;


  Schalter_Ende := New(PButton, Init(@Self, 101, 'E N D E',
                               100, 100, 150, 40, False));
  Schalter_Wechseln := New(PButton, Init(@Self, 102, 'Text ändern',
                                100, 50, 150, 40, False));
  Anzeige := New(PStatic, Init(@Self, 201, 'Beim Flachdach',
                               100, 10, 200, 30, 50));
END;
```

Die Initialisierungsparameter von *TStatic* sind in Tabelle 3-12 beschrieben.

Parametertyp	Wert	Beschreibung
Pointer	@Self	Zeiger auf die Fensterinstanz
Integer	201	Identifikationsnummer der Kombinationsbox (<id_Nummer>)
PChar	'Beim Flachdach'	Text
Integer	X, Y, L, B	Position und Größe des Textfeldes

Tabelle 3-12 Initialisierungsparameter von TStatic

TStatic bietet dem Programmierer folgende Methoden an:

Clear

Löscht den Inhalt des statischen Textfeldes.

```
Procedure Clear;
```

GetText

Schreibt *MaxChars* Anzahl Zeichen des statischen Textfeldes in *ATextString*.

```
Function GetText (ATextString : PChar; MaxChars : Integer) :
                  Integer;
```

SetText

Verändert den Inhalt des statischen Textfeldes.

```
Procedure (ATextString : PChar);
```

Betätigt der Benutzer den Schalter 'Text ändern', dann wird die Prozedur *TMeinWindow.Anzeige_Wechseln* aufgerufen. Diese ermittelt mit der Methode *GetText* den angezeigten Text und verändert diesen durch *SetText*.

```
PROCEDURE TMeinWindow.Anzeige_Wechseln;
VAR
   Inhalt : ARRAY [0..50] OF CHAR;
   C      : INTEGER;
BEGIN
  Anzeige^.GetText(Inhalt, 50);
  C := StrComp(Inhalt, 'Beim Flachdach');
  IF C = 0 THEN
    Anzeige^.SetText('ist''s Dach flach')
  ELSE
    Anzeige^.SetText('Beim Flachdach');
END;
```


Die Bilder 3-14 und 3-15 zeigen beide Texte.

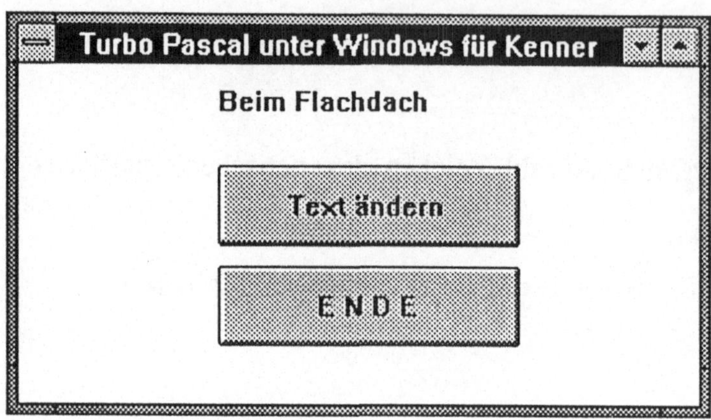

Bild 3-14 Text vor der Änderung

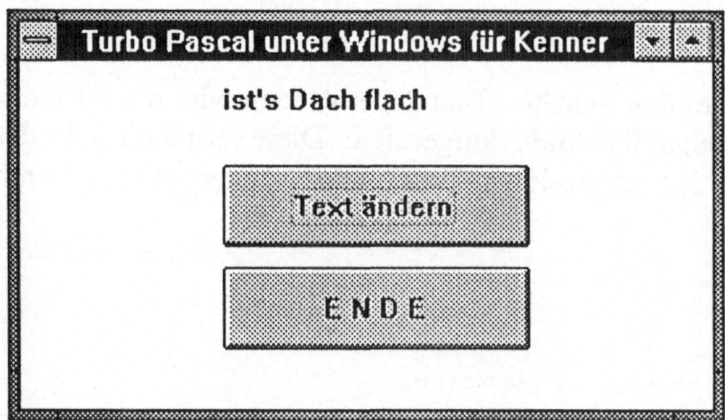

Bild 3-15 Text nach der Änderung

3.6.6 Auslagerung von Dialogelementen in Ressourcedateien

Die in Abschnitt 3.6.5 beschriebenen Dialogelemente können in eine Ressourcedatei ausgelagert werden. Dies hat folgende Vorteile:

- Leichte Erstellung der Dialogelemente im Ressource-Editor.

- Die Dialogelemente können mit der Maus beliebig in Größe, Form und Position verändert werden.

- Gute Wiederverwendungsmöglichkeiten in anderen Programmen.

- Übersichtlichere und kleinere Programme.

Bild 3-16 zeigt die Dialogbox im Ressourcen-Editor des Borland Resource Workshops.

Bild 3-16 Dialogbox im Ressource-Editor

Die Ressourcedatei wird mit der Compiler-Anweisung $R in das
Programm Object13 eingebunden:

```
{$R OBJECT13.RES}
```

Zur Kontrolle des in der Ressourcedatei definierten Dialogfensters wird
ein neues Objekt *TMeinDialog* definiert.

```
PROGRAM OBJECT13;

{$R OBJECT13.RES}

USES WObjects, WinTypes, WinProcs, Strings, StdDlgs;
```

```pascal
TYPE
    PMeinApp = ^TMeinApp;
    TMeinApp = OBJECT(TApplication)
      PROCEDURE InitMainWindow; Virtual;
    END;


    PMeinDialog = ^TMeinDialog;
    TMeinDialog = OBJECT(TDialog)
      PROCEDURE OK(VAR Msg : TMessage); Virtual
              id_First + id_OK;
      PROCEDURE Cancel(VAR Msg : TMessage); Virtual
              id_First + id_Cancel;
    END;


    PMeinWindow = ^TMeinWindow;
    TMeinWindow = OBJECT(TWindow)
      Schalter_Ende,
      Schalter_Fenster : PButton;
      Dialog           : PMeinDialog;

      CONSTRUCTOR Init(AParent : PWindowsObject; ATitle : PChar);
      PROCEDURE SetupWindow; Virtual;
      PROCEDURE Ende(VAR Msg : TMessage); Virtual
              id_First + 101;
      PROCEDURE Fenster(VAR Msg : TMessage); Virtual
              id_First + 102;
    END;

PROCEDURE TMeinDialog.OK(VAR Msg : TMessage);
BEGIN
  MessageBox(hWindow, 'Sehr positiv ! Also mit OK verlassen.',
                      'Erfolg', mb_OK);
  TDialog.OK(Msg);
END;

PROCEDURE TMeinDialog.Cancel(VAR Msg : TMessage);
BEGIN
  MessageBox(hWindow, 'Sie haben abgebrochen.....','Abbruch', mb_OK);
  TDialog.Cancel(Msg);
END;
```

```pascal
CONSTRUCTOR TMeinWindow.Init(AParent : PWindowsObject;
                             ATitle : PChar);
BEGIN
  TWindow.Init(AParent, ATitle);
  Attr.X := 100;
  Attr.Y := 100;
  Attr.W := 400;
  Attr.H := 200;
  Schalter_Ende := New(PButton, Init(@Self, 101, 'E N D E',
                                230, 10, 150, 40, False));
  Schalter_Fenster := New(PButton, Init(@Self, 102, 'Fenster',
                                   10, 10, 150, 40, False));
END;


PROCEDURE TMeinWindow.SetupWindow;
VAR
   i : INTEGER;
BEGIN
  TWindow.SetupWindow;
END;


PROCEDURE TMeinWindow.Ende;
BEGIN
  PostQuitMessage(0);
END;




PROCEDURE TMeinWindow.Fenster;
BEGIN
  Dialog := New(PMeinDialog, Init(@Self, 'Dialog_1'));
  Dialog^.Execute;
  Dialog^.Done;
END;


PROCEDURE TMeinApp.InitMainWindow;
BEGIN
  MainWindow := New(PMeinWindow, Init(NIL, 'Wurbo Pascal unter
                                      Kindows für Tenner'));
END;
```

```
VAR
   App : TMeinApp;

BEGIN
  App.Init('TPWBuch');
  App.Run;
  App.Done;
END.
```

Das Objekt *TMeinDialog* ist für die Steuerung des Dialogfensters zuständig. Es enthält die Prozeduren *OK* und *Cancel*. Diese virtuellen Methoden von *TDialog* werden für dieses Programm so verändert, daß beim Verlassen des Dialogfensters eine entsprechende Nachricht an den Benutzer ausgegeben wird.

```
PROCEDURE TMeinDialog.OK(VAR Msg : TMessage);
BEGIN
  MessageBox(hWindow, 'Sehr positiv ! Also mit OK verlassen.',
 'Erfolg', mb_OK);
  TDialog.OK(Msg);
END;


PROCEDURE TMeinDialog.Cancel(VAR Msg : TMessage);
BEGIN
  MessageBox(hWindow, 'Sie haben abgebrochen.....','Abbruch', mb_OK);
  TDialog.Cancel(Msg);
END;
```

Bild 3-17 zeigt die Meldung beim Verlassen des Dialogfensters mit *OK*.

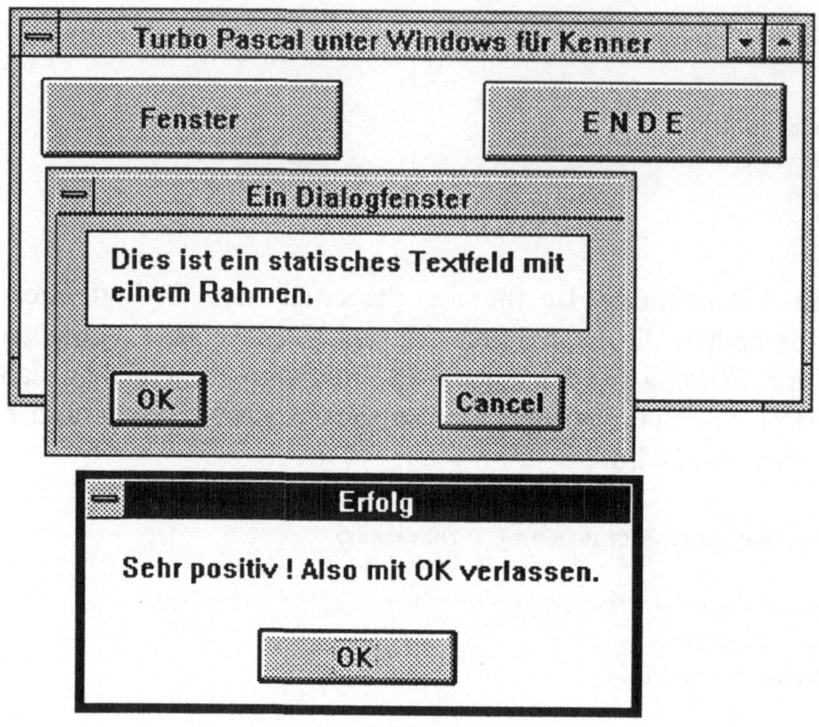

Bild 3-17 Meldung beim Verlassen mit OK

In Bild 3-18 wird die Reaktion auf Verlassen durch *Cancel* gezeigt.

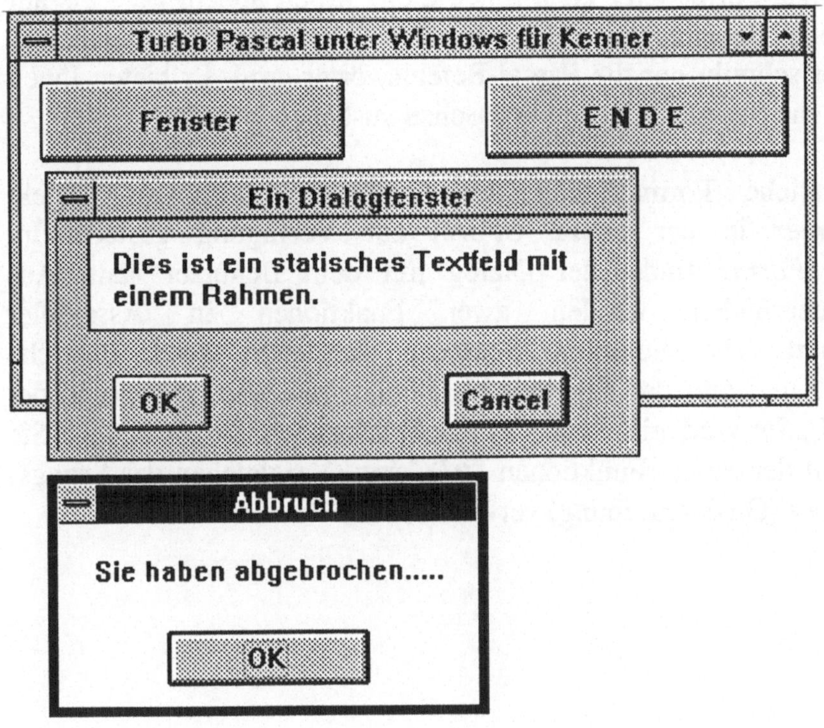

Bild 3-18 Meldung beim Verlassen mit Cancel

3.6.7 Quellkode-Formatierer

Programme, die Sie in Turbo Pascal für Windows schreiben, sind leichter lesbar, wenn Sie folgendes beachten:

- Pascal-Befehlswörter werden groß geschrieben,

- Strukturen werden durch Einrücken sichtbar gemacht,

- Variablennamen sollen aussagefähige Abkürzungen besitzten (z.B. xxxTyp für Datentypen).

Ein Quellkode-Formatierer kann Ihnen diese Arbeit abnehmen - bis auf die sinnvolle Bezeichnung von Variablen. Der folgende Quellkode-Formatierer schreibt nur die Pascal-Befehlswörter groß. Er bieten Ihnen eine Basis, die Sie nach eigenen Wünschen ausbauen können.

Die eigentliche Formatierung des Quellkodes wird als Objekt *CodeFormater* in der UNIT *CForm* zur Verfügung gestellt. Im Programm *Form1* findet der Dialog mit dem Benutzer statt. Aus Performancegründen wurden zwei Funktionen in Assembler programmiert. Die Funktion *Compare* vergleicht zwei Bereiche miteinander und gibt das Ergebnis als Booleschen Wert zurück. In der Funktion *UpStr* wird ein String in Großbuchstaben umgewandelt. Sie werden statt der Pascal Funktionen *StrLComp* (Vergleichen der Strings) und *StrUpper* (Großschreibung) verwendet.

```
UNIT CFORM;

INTERFACE

TYPE
   CodeFormater = OBJECT
     Quelle, Ziel : PChar;
     PROCEDURE Formatieren(Dateiname : PChar);
   END;

IMPLEMENTATION

{$R CODEFORM.RES}

USES WObjects, WinTypes, WinProcs, Strings, StdDlgs, BWCC, WinDOS;

CONST
  MaxWort = 66; { Anzahl der reservierten Wörter }

  Liste : ARRAY[1..MaxWort] OF STRING[14]=
('AND','ASM','ARRAY','ASSIGN','BEGIN',
 'BOOLEAN','BYTE','CASE','CHAR','CONST','CONSTRUCTOR',
 'CLOSE','DESTRUCTOR','DIV','DO','DOWNTO','ELSE','END',
 'EXPORTS','FILE','FOR','FUNCTION','GOTO','GOTOXY','IF',
```

```pascal
      'IMPLEMENATION','IN','INC','INTEGER','INLINE',
      'INTERFACE','LABEL','LIBRARY','MOD','NIL','NOT',
      'OBJECT','OF','OR','PACKED','POINTER','PROCEDURE',
      'PROGRAM','RECORD','REPEAT','READ','READLN','READKEY',
      'SET','SHL','SHR','STRING','TEXT','THEN','TO','TYPE',
      'UNIT','UNTIL','USES','VAR','WRITE','WRITELN','WORD',
      'WHILE','WITH','XOR');


FUNCTION Compare(VAR Bereich1, Bereich2; Laenge : WORD) : BOOLEAN;
                 Assembler;
ASM
   mov     CX,[Laenge]
   jcxz    @Ende
   lds     SI,[Bereich1]
   les     DI,[Bereich2]
   cld
   repz    CMPSB
   jz      @Ende
   mov     CL,1
   @Ende:
   mov     AL,CL
   XOR     AL,1
END;

FUNCTION UpStr(Str: STRING) : STRING;
BEGIN
  ASM
    cld
    lea      SI, Str
    les      DI, @Result
    segss    LODSB
    stosb
    XOR      AH,AH
    xchg     AX,CX
    jcxz     @Ende
    @Pruefe:
    segss    LODSB
    cmp      AL,'a'
    jb       @Weiter
    cmp      AL,'z'
    ja       @Weiter
```

```
          sub      AL,20h
          @Weiter:
          stosb
          loop     @Pruefe
          @Ende:
       END;
    END;


    PROCEDURE CodeFormater.Formatieren(Dateiname : PChar);
    VAR
       Ein, Aus : TEXT;
       Zeile, HZeile : STRING;
       Zaehler, Position, i : INTEGER;
       Dir  : Array [0..fsDirectory] Of Char;
       Name : Array [0..fsFilename] Of Char;
       Ext  : Array [0..fsExtension] Of Char;
       S    : Array [0..255] Of Char;
    BEGIN
       StrCopy(S, Dateiname);
       Quelle := StrNew(S);
       Ziel := StrNew(S);
       FileSplit(Dateiname, Dir, Name, Ext);
       StrCopy(Quelle, Name);
       StrCopy(Ziel, Name);
       StrCat(Quelle, Ext);
       StrCat(Ziel, '.PFM');
       ASSIGN(Ein, Quelle);
       ASSIGN(Aus, Ziel);
       Reset(Ein);
       ReWrite(Aus);
       Zaehler := 1;
       WHILE NOT eof(Ein) DO
       BEGIN
         INC(Zaehler);
         READLN(Ein, Zeile);
         HZeile := Zeile;
         HZeile := UpStr(HZeile);
         FOR i := 1 TO MaxWort DO
         FOR Position := 1 TO Length(HZeile)-Length(Liste[i])+1 DO
           IF (Compare (HZeile[Position], Liste[i][1], Length(Liste[i])))
                 AND ((Position=1)
```

```
              OR (HZeile[Position-1]<'A')
              OR (HZeile[Position-1]>'Z'))
          AND ((Position+Length(Liste[i])>Length(HZeile))
              OR (HZeile[Position+Length(Liste[i])]<'A')
              OR (HZeile[Position+Length(Liste[i])]>'Z'))
          THEN Move(Liste[i][1],Zeile[Position],Length(Liste[i]));
      WRITELN(Aus, Zeile);
    END;
  CLOSE(Ein);
  CLOSE(Aus);
END;


END. { UNIT CFORM }
```

Die Turbo Pascal-Befehlswörter sind in ihrer richtigen Schreibweise in dem Array *Liste* eingetragen. Wenn Sie die Liste erweitern wollen, müssen Sie darauf achten, daß die Konstante *MaxWort* die korrekte Anzahl der Wörter enthält. Änderungen in der Liste, beispielsweise 'Char' statt 'CHAR', können Sie ohne weiteres vornehmen.

Das Objekt *CodeFormater* stellt Ihnen die Prozedur *Formatieren* zur Verfügung. Als Parameter wird dabei der Dateiname des Quellkodes benötigt. Diese Variable *Dateiname* wird in Verzeichnis (*Dir*), Name (*Name*) und Erweiterung (*Ext*) aufgeteilt. Aus diesen Teilen werden Quelldatei (*Quelle*) und Zieldatei (*Ziel*) zusammengesetzt. Die Zieldatei erhält die Erweiterung '.PFM' für Pascal Formatiert. Sie können diese Erweiterung beliebig ändern. Mit ASSIGN werden den Dateivariablen *Ein* und *Aus* die externen Dateien *Quelle* und *Ziel* zugeordnet. Mit *Reset* wird die Eingabedatei geöffnet und auf den Dateianfang positioniert. *ReWrite* erstellt eine neue (leere) Ausgabedatei an.

```
    StrCopy(S, Dateiname);
    Quelle := StrNew(S);
    Ziel := StrNew(S);
    FileSplit(Dateiname, Dir, Name, Ext);
    StrCopy(Quelle, Name);
    StrCopy(Ziel, Name);
    StrCat(Quelle, Ext);
    StrCat(Ziel, '.PFM');
```

```
ASSIGN(Ein, Quelle);
ASSIGN(Aus, Ziel);
Reset(Ein);
ReWrite(Aus);
```

Im zweiten Teil der Prozedur *Formatieren* findet die eigentliche Formatierung des Quellkodes statt. Solange die Eingabedatei noch Zeilen enthält, wird eine Zeile gelesen und auf das Vorkommen jedes Befehlswortes in *Liste* geprüft. Falls ein Befehlswort gefunden wird, wird es durch das entsprechende Wort aus *Liste* ersetzt.

```
Zaehler := 1;
WHILE NOT eof(Ein) DO
BEGIN
  INC(Zaehler);
  READLN(Ein, Zeile);
  HZeile := Zeile;
  HZeile := UpStr(HZeile);
  FOR i := 1 TO MaxWort DO
  FOR Position := 1 TO Length(HZeile)-Length(Liste[i])+1 DO
    IF (Compare (HZeile[Position], Liste[i][1], Length(Liste[i])))
          AND ((Position=1)
            OR (HZeile[Position-1]<'A')
            OR (HZeile[Position-1]>'Z'))
          AND ((Position+Length(Liste[i])>Length(HZeile))
            OR (HZeile[Position+Length(Liste[i])]<'A')
            OR (HZeile[Position+Length(Liste[i])]>'Z'))
          THEN Move(Liste[i][1],Zeile[Position],Length(Liste[i]));
  WRITELN(Aus, Zeile);
END;
```

Das Programm CFORMAT.PAS definiert die bereits bekannten Objekttypen: *TMeinWindow* und *TMeinApp*. Außerdem wird eine Variable *CodeForm* vom Objekt *CodeFormater* deklariert. Dieses Objekt enthält die Methode *Formatieren*, die in der UNIT *CForm* definiert ist.

```
PROGRAM CFORMAT;

USES WObjects, WinTypes, WinProcs, Strings, StdDlgs, CForm;
```

```pascal
CONST
     cm_Format = 101;
     cm_Exit   = 102;

TYPE
    PMeinWindow = ^TMeinWindow;
    TMeinWindow = OBJECT(TWindow)
      CONSTRUCTOR Init(AParent : PWindowsObject; ATitle
                                    : PChar);
      PROCEDURE Format(VAR Msg : TMessage); Virtual
                    cm_First + cm_Format;
      PROCEDURE Ende(VAR Msg : TMessage); Virtual
                  cm_First + cm_Exit;
      PROCEDURE GetWindowClass(VAR AWndClass :
                              TWndClass); Virtual;
    END;
    MeinAppTyp = OBJECT(TApplication)
      PROCEDURE InitMainWindow; Virtual;
    END;


VAR
   CodeForm : CodeFormater;


CONSTRUCTOR TMeinWindow.Init(AParent : PWindowsObject;
                             ATitle : PChar);
BEGIN
  TWindow.Init(AParent, ATitle);
  Attr.W := 500;
  Attr.H := 200;
  Attr.Menu := LoadMenu(HInstance,'MENU_1');
END;


PROCEDURE TMeinWindow.Format(VAR Msg : TMessage);
VAR
   Dialog      : PFileDialog;
   Dateiname   : ARRAY [0..255] OF CHAR;
   OK          : INTEGER;
BEGIN
  StrCopy(Dateiname, '*.PAS');;
```

```pascal
  Dialog := New(PFileDialog, Init(@Self, PChar(sd_FileOpen),
  Dateiname));
  OK := Application^.ExecDialog(Dialog);
  IF OK = id_OK THEN
  BEGIN
    CodeForm.Formatieren(Dateiname);
    MessageBox(hWindow, 'Quellcode Formatierung beendet
          und in *.PFM Datei gespeichert.', 'Mittteilung',
          mb_OK+mb_IconExclamation);
  END;
END;


PROCEDURE TMeinWindow.Ende(VAR Msg : TMessage);
VAR
   OK : INTEGER;
BEGIN
  OK := MessageBox(hWindow, 'Wollen Sie wirklich beenden ?',
'Mitteilung', mb_OKCancel+mb_IconQuestion);
  IF OK = id_OK THEN PostQuitMessage(0);
END;


PROCEDURE TMeinWindow.GetWindowClass(VAR AWndClass : TWndClass);
BEGIN
  TWindow.GetWindowClass(AWndClass);
  AWndClass.hIcon := LoadIcon(HInstance, 'ICON_1');
END;



PROCEDURE MeinAppTyp.InitMainWindow;
BEGIN
  MainWindow := New(PMeinWindow, Init(NIL, 'TPW-Buch Quellcode
                    Formatierer'));
END;



VAR
   MeinApp : MeinAppTyp;


BEGIN
  MeinApp.Init('MeinApp');
  MeinApp.Run;
```

```
    MeinApp.Done;
END.
```

Das Objekt *TMeinWindow* enthält folgende Methoden:

Der Constructor *Init* bestimmt die Größe des Fensters (Attr.W und Attr.H) und lädt das Menü des Fensters (MENU_1) aus der Ressourcendatei CODEFORM.RES.

```
CONSTRUCTOR TMeinWindow.Init(AParent : PWindowsObject; ATitle :
                            PChar);
BEGIN
  TWindow.Init(AParent, ATitle);
  Attr.W := 500;
  Attr.H := 200;
  Attr.Menu := LoadMenu(HInstance,'MENU_1');
END;
```

In der Prozedur *Format* wird ein Dialogfenster vom Typ *TFileDialog* verwendet. Dieses Dialogfenster ist in der UNIT *STDDLGS* definiert. Es ist ein Dialog zur Auswahl einer Datei. Die Datei STDDLGS.RES im Verzeichnis TPW\OWL enthält die Ressourcen des FileDialogs, den Sie mit dem Borland Resource Workshop eindeutschen können. Der Aufruf des Dialogfenster wurde in den vorhergehenden Programmen bereits beschrieben. Die Variable *Dateiname* gibt an, welche Dateien angezeigt werden sollen. Der Benutzer kann den Dialog nur mit OK verlassen, wenn er eine Datei ausgewählt hat. Der ausgewählte Dateiname steht in der Variablen *Dateiname*. Die Methode *Formatieren* kann jetzt mit dem Parameter *Dateiname* aufgerufen werden. Anschließend wird der Benutzer informiert, daß die Formatierung beendet ist.

```
PROCEDURE TMeinWindow.Format(VAR Msg : TMessage);
VAR
   Dialog      : PFileDialog;
   Dateiname   : ARRAY [0..255] OF CHAR;
   OK          : INTEGER;
BEGIN
  StrCopy(Dateiname, '*.PAS');;
```

```
      Dialog := New(PFileDialog, Init(@Self, PChar(sd_FileOpen),
      Dateiname));
      OK := Application^.ExecDialog(Dialog);
      IF OK = id_OK THEN
      BEGIN
        CodeForm.Formatieren(Dateiname);
        MessageBox(hWindow, 'Quellcode Formatierung beendet
            und in *.PFM Datei gespeichert.', 'Mittteilung',
            mb_OK+mb_IconExclamation);
      END;
    END;
```

Mit dem Menüpunkt *Programm beenden* verlassen Sie das Programm.
Dies geschieht in der Prozedur *Ende*. Es wird eine Mitteilung
ausgegeben, und nur wenn mit OK bestätigt wird, können Sie das
Programm beenden.

```
PROCEDURE TMeinWindow.Ende(VAR Msg : TMessage);
VAR
   OK : INTEGER;
BEGIN
  OK := MessageBox(hWindow, 'Wollen Sie wirklich beenden ?',
  'Mitteilung', mb_OKCancel+mb_IconQuestion);
  IF OK = id_OK THEN PostQuitMessage(0);
END;
```

Die Funktion *GetWindowClass* lädt das in der Ressourcendatei definierte
Icon *ICON_1*.

```
PROCEDURE TMeinWindow.GetWindowClass(VAR AWndClass : TWndClass);
BEGIN
  TWindow.GetWindowClass(AWndClass);
  AWndClass.hIcon := LoadIcon(HInstance, 'ICON_1');
END;
```

4 Hinzufügen von Ressourcen

Es gibt die Möglichkeit, verschiedene Teile eines Programms, beispielsweise Menüs, Icons und Cursorformen, getrennt vom Quellkode zu bearbeiten und zu speichern. Diese Informationen werden dann an die übersetzten Programmdateien angehängt. Damit ist eine gute Wiederverwendbarkeit von häufig benutzten Ressourcen möglich. Auch können die Ressourcen verändert werden, ohne den Quellkode zu besitzen. Beispielsweise können die Menübezeichnungen eines Programmes verändert werden. Die Funktion des Programmes wird dadurch nicht beeinflußt.

4.1 Beschreibung der Ressourcen

Im folgenden werden die gebräuchlichsten Ressourcen beschrieben, die mit dem Whitewater Resource Toolkit (WRT) oder dem Borland Resource Workshop (verfügbar seit Oktober 1991) bearbeitet werden können. Beide Programme sind dabei nicht ausschließlich für Turbo Pascal für Windows ausgelegt, sondern können auch mit anderen Programmiersprachen unter Windows eingesetzt werden (z. B. C++).

In den folgenden Abschnitten werden die verschiedenen Ressourcen näher beschrieben.

4.1.1 Menüs

Fast jedes Programm besitzt eine Menüzeile, mit der der Programmablauf gesteuert werden kann. Diese Menüs können in beiden Editoren sehr bequem und einfach erstellt werden. Bild 4-1 zeigt den Menü-Editor des WRT. Das obere Fenster ist das Testfenster, in dem Sie das Menu ausprobieren können. Das Erstellen des Menüs findet im unteren Fenster statt. Der Menü-Editor des WRT kann Menüs aus Ressourcen-Dateien (.RES), ausführbaren Dateien (.EXE) und aus dynamischen Linkbibliotheken (DLL´s) lesen. Speichern kann er als Ressource-Datei (.RES) oder in eine vorhandene ausführbare Datei (.EXE).

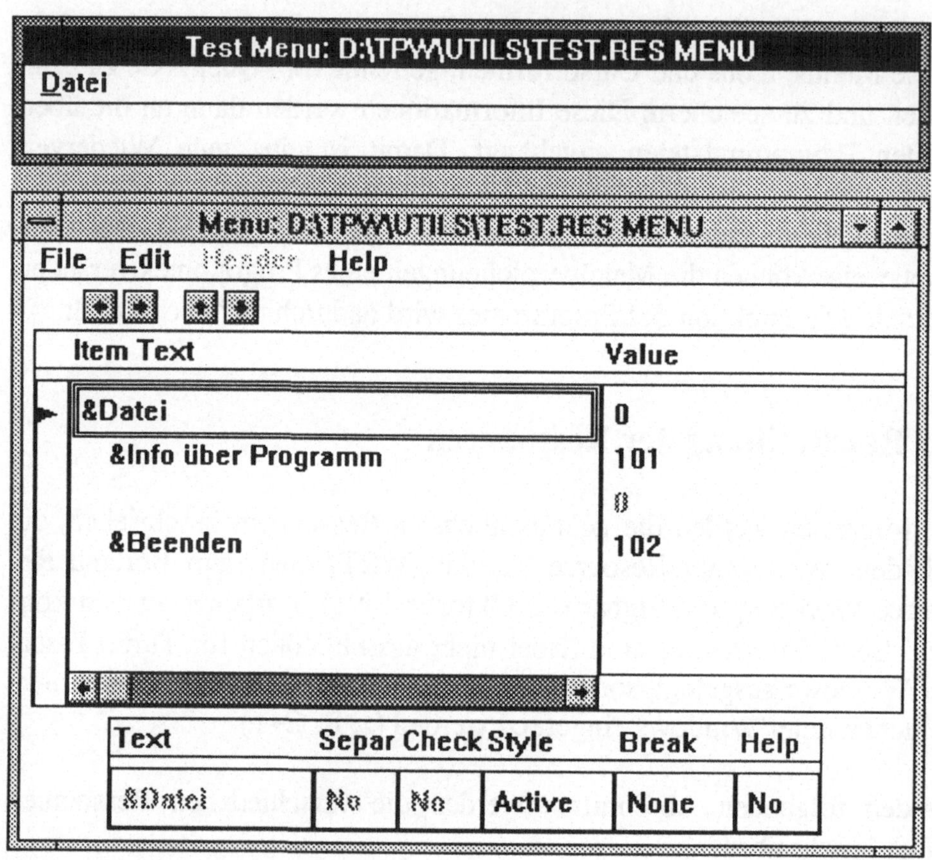

Bild 4-1 Menü-Editor des WRT

Jedem Menütext wird ein Wert zugewiesen, der später im Programm verarbeitet wird. Bild 4-1 zeigt ein einfaches Menü, bestehend aus dem *Menü Datei* mit den Unterpunkten *Info über Programm* und *Beenden*. Das Programm (Bild 4-2) reagiert nur auf die Werte (im vorliegenden Fall 101 für *Info über Programm* und 102 für *Beenden*).

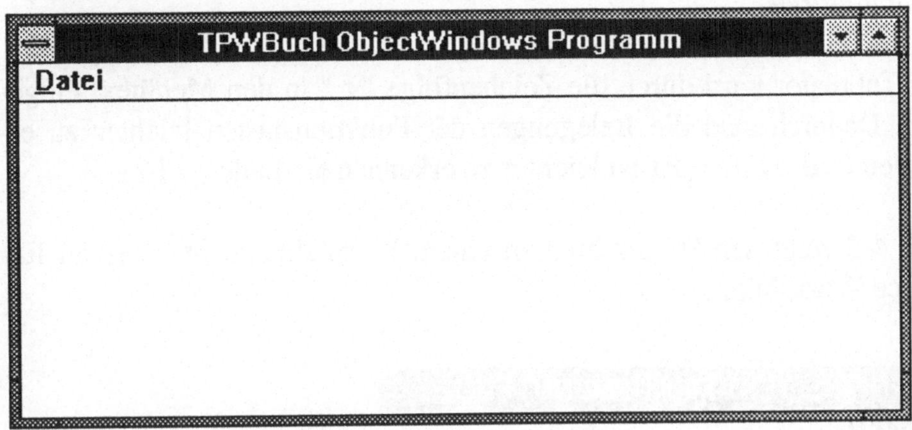

Bild 4-2 Programm mit einem einfachen Menü

Der Text kann beliebig verändert werden. Beispielsweise können Sie statt *"Beenden"* auch *"Verlassen"* schreiben. Das Programm führt trotzdem dieselbe Funktion aus.

Im folgenden werden die verschiedenen Möglichkeiten der Menügestaltung am Beispiel des Menüeditors aus dem Borland Resource Workshop aufgezeigt:

** Startbuchstaben definieren*

Jeder Menüpunkt kann einen Startbuchstaben enthalten, mit dem dieser direkt angesteuert werden kann. Dazu schreiben Sie das Zeichen "&" vor den gewünschten Buchstaben (z. B. B&eenden wird angezeigt als B<u>e</u>enden. Durch Eintippen von "e" wird dieser Menüpunkt direkt angewählt). Beide Menüeditoren (WRT und BRW) enthalten ein Testfenster, in dem das Menü ausprobiert werden kann. Dabei wird beim Anwählen eines Menüpunktes der jeweilige Rückgabewert angezeigt.

* Tabulatoren

Ein Tabulator wird durch die Zeichenfolge "\t " in den Menütext eingefügt. Dadurch sind die Belegungen der Funktionstasten leichter zu erkennen (z.B. Hilfe = F1 ist leichter zu erkennen als Laden = F2).

Bild 4-3 zeigt den Unterschied an einem Beispielmenü im Borland Resource Workshop.

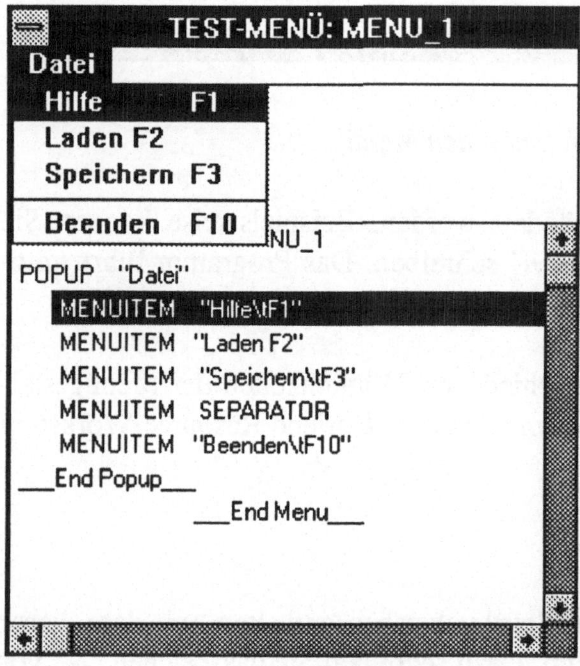

Bild 4-3 Tabulatoren im Menütext

* Trennlinien

Mit Hilfe von Trennlinien können Sie Menüoptionen optisch in Gruppen
einteilen (Bild 4-3). Um eine Trennlinie zu erzeugen, geben Sie eine
leere Zeile an der Stelle ein, an der die Trennlinie erscheinen soll. Klik-
ken Sie mit der Maus beim Typ des Eintrags auf *Separator* (Bild 4-4).

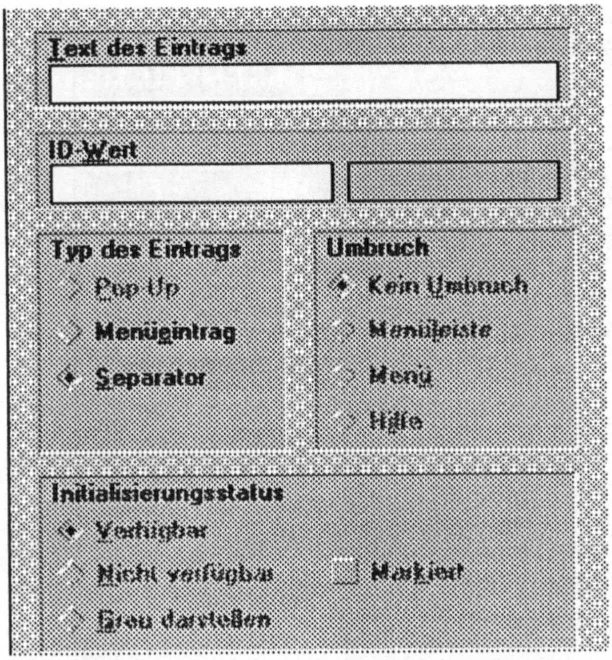

Bild 4-4 Trennlinien in ein Menü einfügen

*** Häkchen**

Wenn vor einem Menüpunkt ein Häkchen erscheinen soll, aktivieren Sie das Feld *Markiert* im Initialierungsstatus (Bild4-5).

Im Initialisierungsstatus können Sie angeben, ob ein Menüpunkt *Verfügbar*, *Nicht verfügbar* oder *Grau* dargestellt werden soll. *Verfügbar* bedeutet, daß der Menüpunkt ausgewählt werden kann, und das Programm auf den Wert reagiert. Wenn *Nicht verfügbar* angewählt ist, können Sie den Menüpunkt zwar auswählen, aber es wird kein Wert an das Programm weitergegeben, d. h. das Programm führt keine Funktion aus. Die Option *Grau* schließlich bestimmt, daß der Menüpunkt gar nicht angewählt werden kann. Bild 4-5 zeigt die verschiedenen Möglichkeiten.

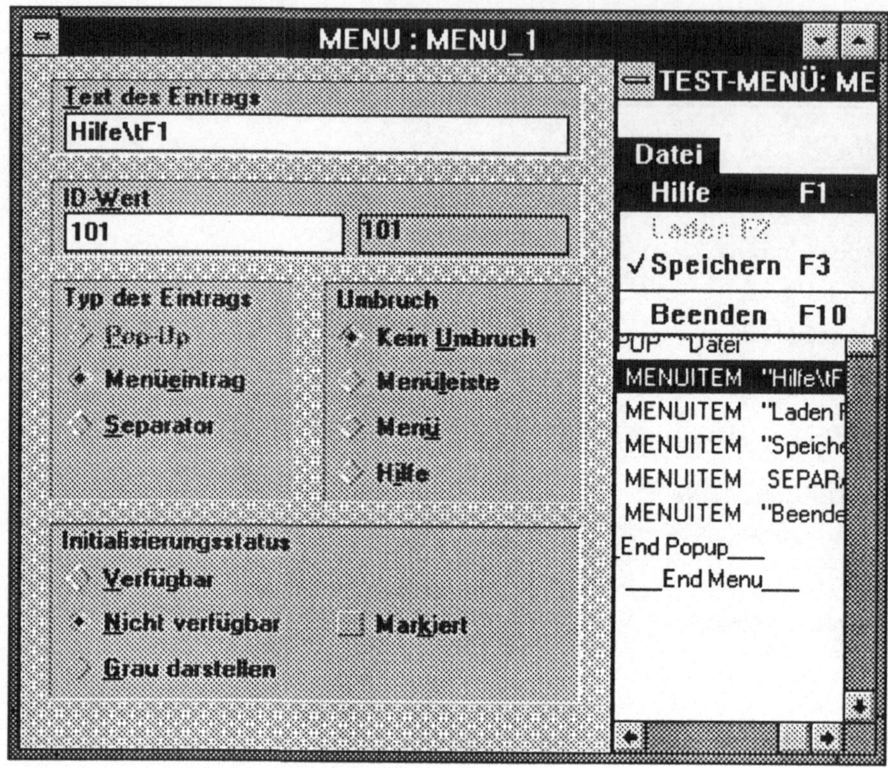

Bild 4-5 Initialisierungsstatus auswählen

Ein Pop-Up-Menü kann vier verschiedene Attribute besitzen (Tabelle 4-1). Diese Attribute werden im *Umbruch* ausgewählt (Bild 4-5).

Attribut	Beschreibung
Kein Umbruch	Normale Einstellung
Menüleiste	Menüpunkte werden nebeneinander angeordnet
Menü	Wie Menüleiste, jedoch ohne Trennstiche zwischen den Menüpunkten
Hilfe	Menü wird an den rechten Rand des Fenster verschoben

Tabelle 4-1 Attribute eines Pop-Up-Menüs

4.1.2 Icons

Icons sind Bildsymbole, die beispielsweise in Dialogboxen oder zur Anzeige im Programm-Manager verwendet werden. Windows läßt vier verschiedene Icon-Größen zu (Tabelle 4-2).

Größe	Farben	Grafikkarte
32x16	2	CGA
32x32	2	EGA, VGA (monochrom)
32x32	8	EGA, VGA
32x32	16	EGA, VGA (Standardeinstellung)

Tabelle 4-2 Icongrößen unter Windows

Bild 4-6 zeigt verschiedene Icons.

Bild 4-6 Verschiedene Icons aus dem BRW

4.1.3 Dialog-Fenster

Dialog-Fenster sind die am häufigsten verwendeten Ressourcen. Durch sie findet die Kommunikation mit dem Benutzer statt: Eingaben werden vom Benutzer entgegengenommen und Mitteilungen an den Benutzer weitergegeben. Bild 4-7 zeigt ein Dialog-Fenster, das dem Benutzer erlaubt, zwischen drei Möglichkeiten auszuwählen. Wenn der Benutzer

seine Wahl getroffen hat, kann er das Dialogfenster durch den Aktionsschalter *Fertig* verlassen. Das Sinnbild des Programmes wird neben dem
Aktionsschalter angezeigt ('Hallo').

Bild 4-7 Dialog-Fenster mit Auswahlmöglichkeiten

Das folgende Bild 4-8 zeigt alle Werkzeuge des BRW, mit denen Sie ein
Dialogfenster gestalten können, sowie die Möglichkeiten, die Dialogelemente zu positionieren.

Bild 4-8 Ausrichtungs- und Bearbeitungswerkzeuge des BRW

Tabelle 4-3 beschreibt die Werkzeuge im einzelnen:

Symbol	Element	Beschreibung
	Zeiger	Normaler Mauszeiger
	Aktionsschalter	Aktionsschalter positionieren
	Schaltfeld	Auswahlmöglichkeit (nur eine möglich)
	Borland-Schattierung	Schattierung
	Tabulator setzen	Tabulator setzen
	Horizontale Bildlauf-leiste	horizontalen Rollbalken setzen
	Vertikale Bildlauf-leiste	vertikalen Rollbalken setzen
	Linie	Linie zeichnen (horizontal)
	Gruppe	Gruppieren von zusammengehören-den Elementen
	Liste	Auswahlfenster
	Auswahlfeld	Auswahlmöglichkeit (mehrere möglich)
	Linie	Linie zeichnen (vertikal)
	1, 2	Reihenfolge der Elemente festlegen

Gruppenfeld	Gruppenfenster
Kombinationsfeld	Auswahlfenster mit Eingabefeld
Aktionsschalter	Spezieller Aktionsschalter (Button)
Test	Ausprobieren des Dialogs
Text Eingabefeld	Veränderbares Textfeld
FestesTextfeld	Unveränderbares Textfeld
Borland Bitmaps	Spezieller Bitmaps
Verdoppeln	Kopieren von Elementen
Icon	Sinnbild anzeigen
Schwarzer Rahmen	Schwarzer Rahmen
Borland Radio Button	Spezieller Radio Button
Undo	Letzte Aktion widerrufen
Schwarzes Rechteck	Schwarzes Rechteck
Benutzerdefinierte Dialogelemente	Benutzerdefinierte Dialogelemente

	Borland Schaltfeld	Spezielle Auswahlmöglichkeit
	Linksbündig	Markierte Elemente linksbündig ausrichten
	Zentriert im Rahmen	Markierte Elemente im Rahmen mittig ausrichten
	Zentriert im Dialog-fenster	Markierte Elemente im Dialogfen-ster mittig ausrichten
	Rechtsbündig	Markierte Elemente rechtsbündig ausrichten
	Oberer Rand	Markierte Elemente am oberen Rand ausrichten
	Zentriert im Rahmen	Markierte Elemente im Rahmen mittig ausrichten
	Zentriert im Dialog-fenster	Markierte Elemente im Dialogfen-ster mittig ausrichten
	Unterer Rand	Markierte Elemente am unteren Rand ausrichten

Tabelle 4-3 Werkzeuge und Ausrichtungsmöglichkeiten des Dialogfen-ster-Editors

4.1.4 Cursorformen

In diesem Editor kann die Form des Mauszeigers verändert werden. Windows selbst benützt hauptsächlich den pfeilförmigen Mauszeiger (Cursor) und das Sanduhr-Symbol. Der Cursor stellt eine Möglichkeit dar, dem Benutzer etwas mitzuteilen. Beispielsweise zeigt die Sanduhr an, daß das Programm gerade arbeitet und der Benutzer warten soll.

Bild 4-9 zeigt den Cursoreditor des Borland Resource Workshops.

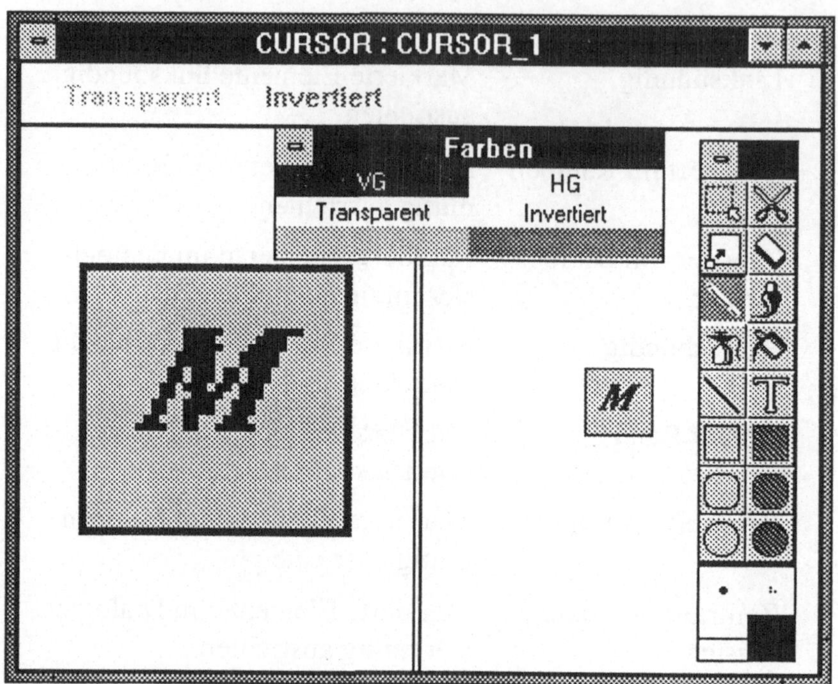

Bild 4-9 Gestalten eines eigenen Mauszeigers

In Tabelle 4-4 sind die Bearbeitungmöglichkeiten der Pixeleditoren (z.B.
Cursor-, Bitmap-Editor) des BRW beschrieben.

Symbol	Element	Beschreibung
	Auswahlwerkzeug	Ein rechteckiger Bereich wird markiert (z.B. zum Kopieren, Löschen oder Bewegen)
	Auswahlwerkzeug	Ein beliebig geformter Bereich wird markiert
	Zoom	Vergrößern oder Verkleinern von Bereichen

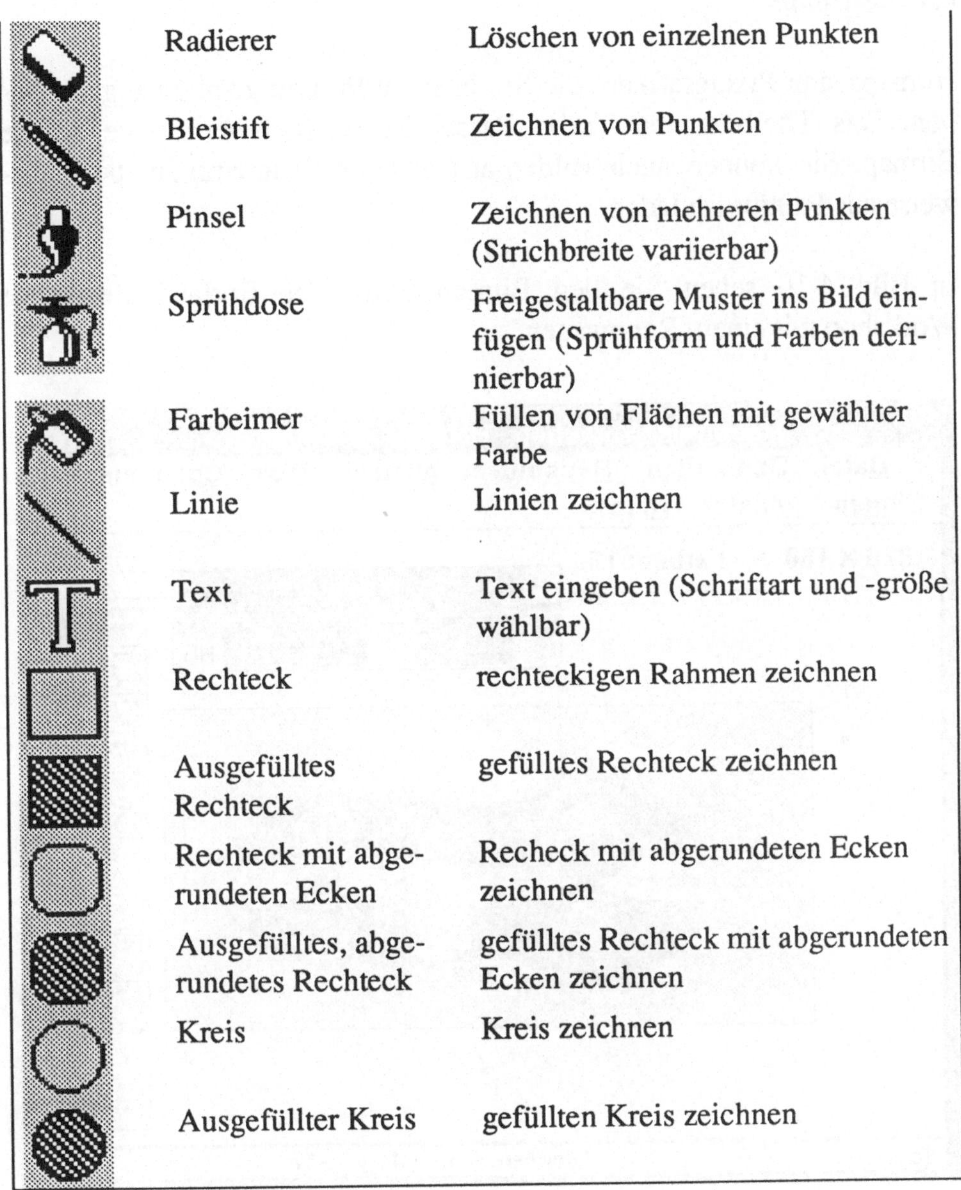

	Radierer	Löschen von einzelnen Punkten
	Bleistift	Zeichnen von Punkten
	Pinsel	Zeichnen von mehreren Punkten (Strichbreite variierbar)
	Sprühdose	Freigestaltbare Muster ins Bild einfügen (Sprühform und Farben definierbar)
	Farbeimer	Füllen von Flächen mit gewählter Farbe
	Linie	Linien zeichnen
	Text	Text eingeben (Schriftart und -größe wählbar)
	Rechteck	rechteckigen Rahmen zeichnen
	Ausgefülltes Rechteck	gefülltes Rechteck zeichnen
	Rechteck mit abgerundeten Ecken	Recheck mit abgerundeten Ecken zeichnen
	Ausgefülltes, abgerundetes Rechteck	gefülltes Rechteck mit abgerundeten Ecken zeichnen
	Kreis	Kreis zeichnen
	Ausgefüllter Kreis	gefüllten Kreis zeichnen

Tabelle 4-4 Bearbeitungsfunktionen der Pixeleditoren

4.1.5 Bitmaps

Bitmaps sind Pixelgrafiken, die Sie in Ihren Programmen anzeigen können. Das Titelbild von Turbo Pascal ist beispielsweise eine solche Bitmap. Sie können auch Bilder aus anderen Programmen, beispielsweise aus Paintbrush laden.

In Bild 4-10 sehen Sie den Bitmap-Editor des Borland Ressource Workshop mit einem Rennwagen.

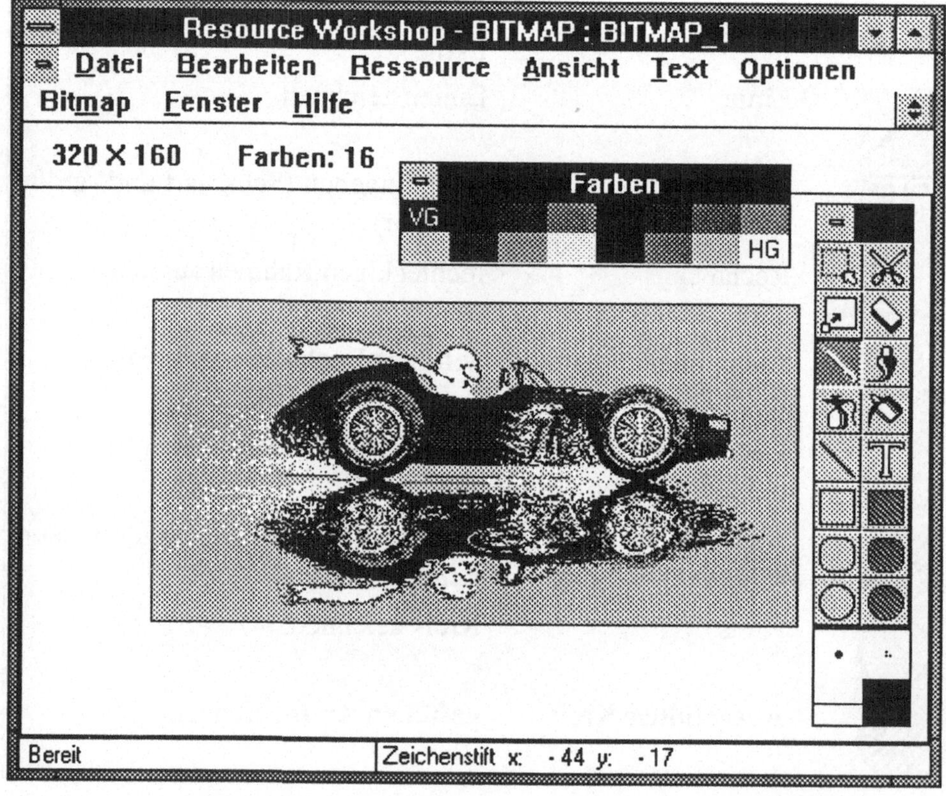

Bild 4-10 Borland Ressource Workshop Bitmap Editor mit Rennwagen

4.1.6 Tastenkürzel

Mit Tastenkürzeln können Sie Funktionen direkt aufrufen. Beispielsweise ruft die Taste <F1> die Hilfefunktion auf.

Im Tastenkürzel-Editor werden den Tasten bestimmte Werte zugeordnet.
Bild 4-11 zeigt die Tastenkürzeltabelle eines Programms. Beispielsweise
ist der Taste <F1> der Befehl 1795 zugewiesen.

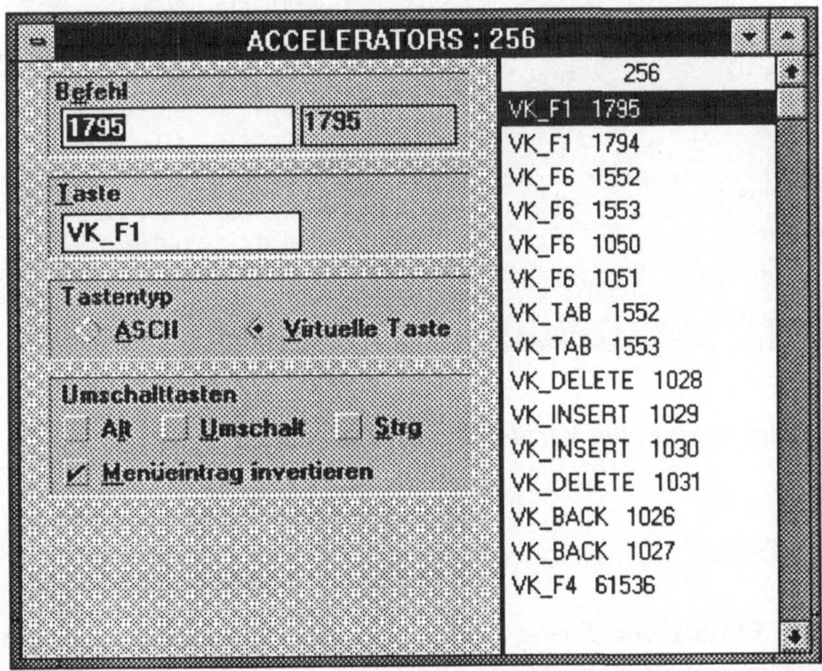

Bild 4-11 Tastenkürzel im Editor des BRW

Bild 4-12 zeigt die entsprechende Menüstruktur. Dem Menübefehl *Index*
ist ebenfalls der Wert 1795 zugeordnet.

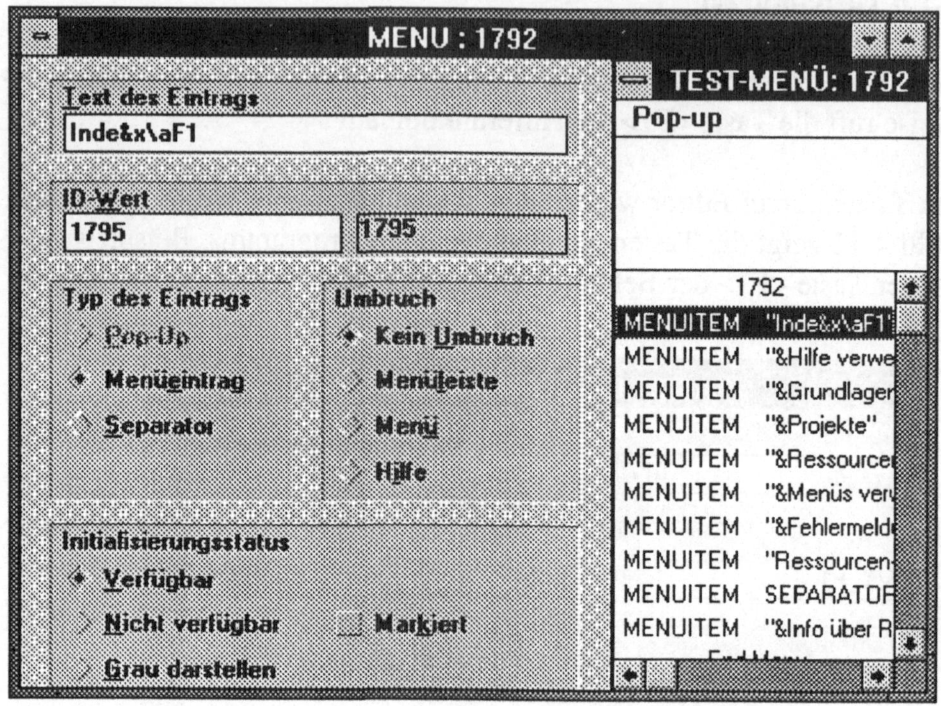

Bild 4-12 Menüstruktur zum Vergleich mit Tastenkürzel

4.1.7 String-Tables

Der häufigste Einsatz von String-Tables sind die Fehlermeldungen, die jedes Programm enthält. Die Strings sind in einer Tabelle abgelegt. Bild 4-13 zeigt eine solche Tabelle mit Fehlermeldungen. Alle Texte des Programms, beispielsweise die Fehlermeldungen und Texte in Dialogboxen, können unabhängig vom Quellkode geändert werden. Dazu müssen Sie lediglich die Tabelle ändern. So kann Ihr Programm beispielsweise an eine andere Sprache angepaßt werden, ohne daß der Quellkode benötigt wird.

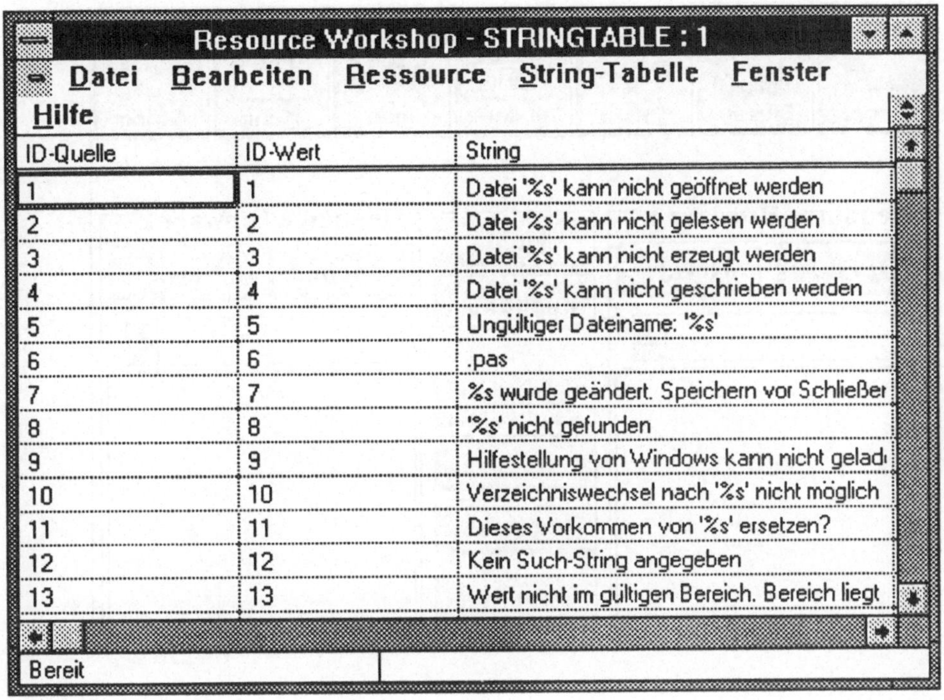

Resource Workshop - STRINGTABLE : 1

Datei Bearbeiten Ressource String-Tabelle Fenster Hilfe

ID-Quelle	ID-Wert	String
1	1	Datei '%s' kann nicht geöffnet werden
2	2	Datei '%s' kann nicht gelesen werden
3	3	Datei '%s' kann nicht erzeugt werden
4	4	Datei '%s' kann nicht geschrieben werden
5	5	Ungültiger Dateiname: '%s'
6	6	.pas
7	7	%s wurde geändert. Speichern vor Schließer
8	8	'%s' nicht gefunden
9	9	Hilfestellung von Windows kann nicht gelad
10	10	Verzeichniswechsel nach '%s' nicht möglich
11	11	Dieses Vorkommen von '%s' ersetzen?
12	12	Kein Such-String angegeben
13	13	Wert nicht im gültigen Bereich. Bereich liegt

Bereit

Bild 4-13 Stringtabelle des BRW mit Fehlermeldungen

4.2 Whitewater Resource Toolkit

Der Whitewater Resource Toolkit (WRT) wurde anfangs mit Turbo Pascal für Windows geliefert. Inzwischen wurde er durch den Borland Resource Workshop ausgetauscht. An dieser Stelle soll deshalb nur kurz auf den Whitewater Resource Toolkit eingegangen werden. Alle seine Möglichkeiten werden genauso vom Borland Resource Workshop abgedeckt.

Die in Abschnitt 4.1 beschriebenen Ressourcen können alle im WRT bearbeitet werden. Bild 4-14 zeigt das Startbild des WRT. In diesem können Sie die sieben verschiedenen Editoren auswählen.

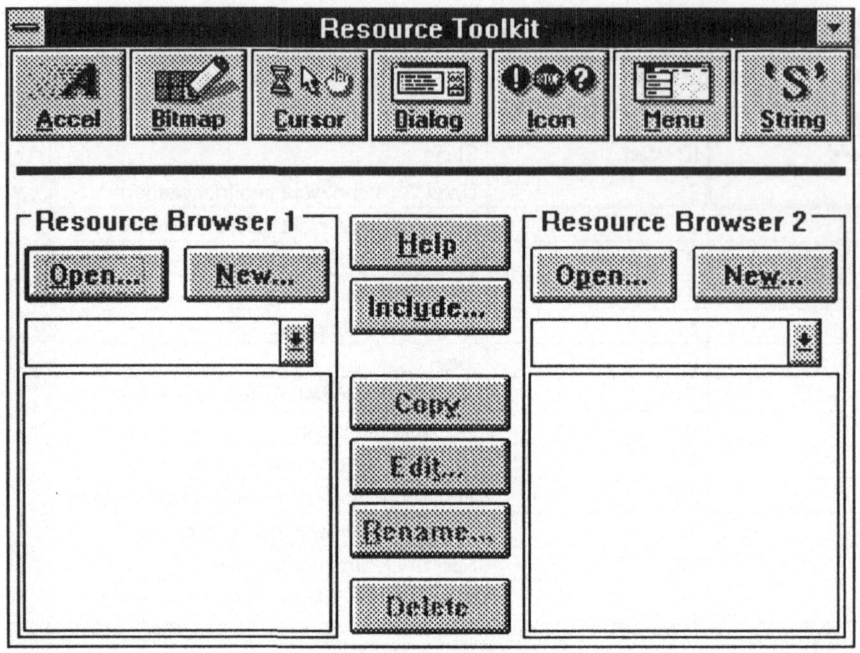

Bild 4-14 Whitewater Ressource Toolkit

Die Tabelle 4-5 zeigt die Dateiformate, die der WRT lesen kann.

Dateiformat	Beschreibung
.BMP	Bitmapdatei
.CUR	Gespeicherte Cursorformen
.DLG	Gespeichertes Dialogfenster
.DLL	Dynamic Link Library
.EXE	ausführbare Datei
.H	Header-Datei. Entält symbolische Namen für die Ressourcen
.ICO	Gespeicherte Symbole (Icons)
.INC	Include Datei

.PAL	Gespeicherte Farbpalette
.RC	Gespeicherte Beschreibung von Ressourcen als ASCII-Text
.RES	Übersetzte Ressourcendatei (.RC-Datei)

Tabelle 4-5 Dateiformate des WRT

Der WRT bietet Ihnen folgende Möglichkeiten:

- OPEN

Öffnet bestehende Dateien.

- CLOSE

Schließt die aktuelle Datei.

- NEW

Anlegen einer neue Ressource Datei.

- HELP

Ruft die On-Line Hilfe zum WRT auf.

- INCLUDE

Angabe der Ressourcen, die im Browser angezeigt werden sollen.

- COPY

Kopieren von Ressourcen an Browser 1 nach Browser 2 und umgekehrt.

- EDIT

Editieren der ausgewählten Ressource.

- RENAME

Umbenennen der ausgewählten Ressource.

- DELETE
Löschen der ausgewählten Ressource.

4.3 Borland Resource Workshop

Bild 4-15 zeigt das Infobild des Borland Resource Workshops (BRW).

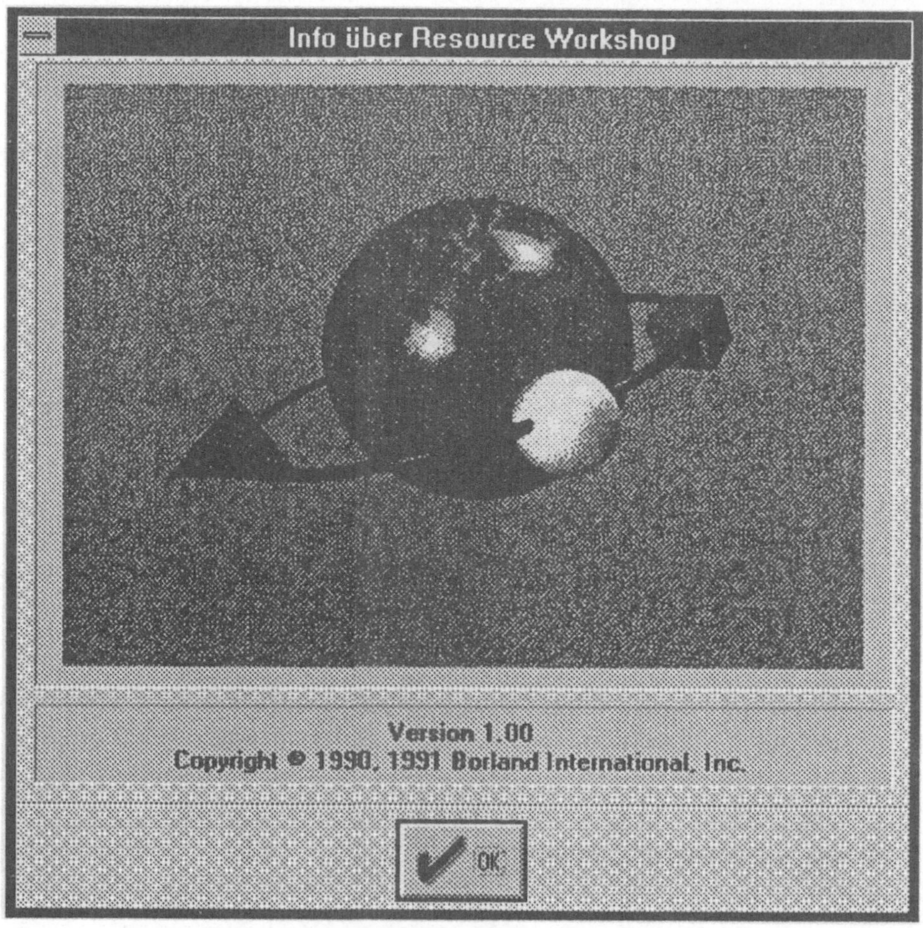

Bild 4-15 Borland Resource Workshop

Der BRW ist nicht so farbenfroh wie der WRT, ist aber deutlich schneller und mächtiger im Funktionsumfang.

Bild 4-16 zeigt den Arbeitsbildschirm des BRW.

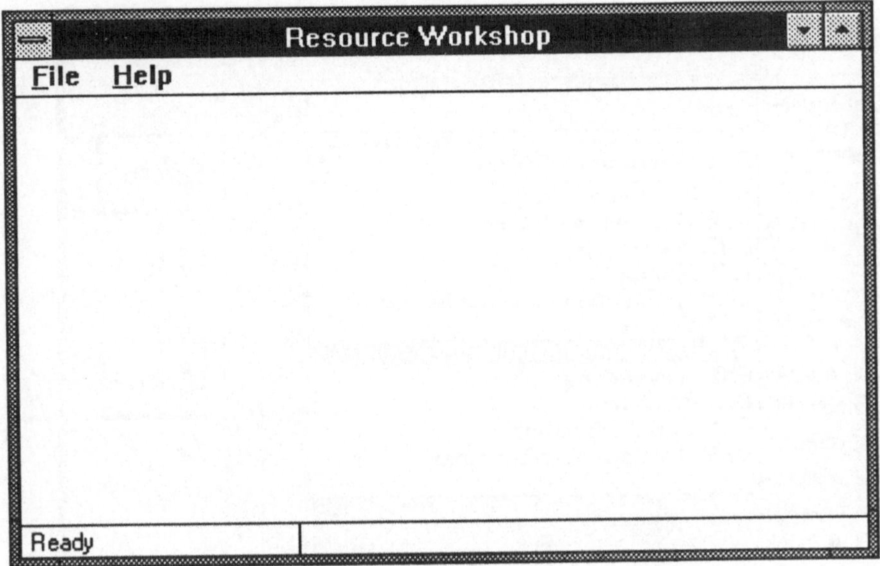

Bild 4-16 Arbeitsbildschirm des Borland Resource Workshop

Der BRW kann mehr Dateiformate bearbeiten, als der WRT. Tabelle 4-6 zeigt die zusätzlichen Formate im Vergleich zum WRT.

Dateiformat	Beschreibung
.DRV	Windows Geräte-Treiber
.FNT	Gespeicherter Font
.FON	Gespeicherte Fontbibliothek

Tabelle 4-6 Neue Dateiformate des BRW

4.3.1 Anzeigen und Editieren von bestehenden Ressourcen

Mit dem Menüpunkt *Projekt öffnen* können Sie bestehende Dateien öffnen (Bild 4-17).

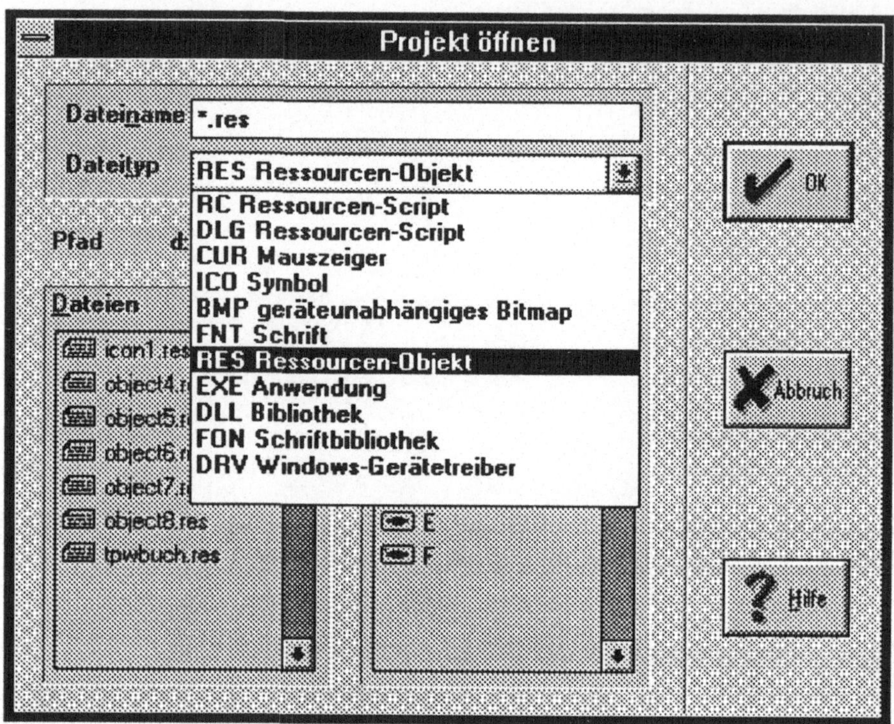

Bild 4-17 Ressource-Datei öffnen

In einem eigenen Fenster werden die Ressourcen angezeigt, die in der Ressourcen-Datei enthalten sind.

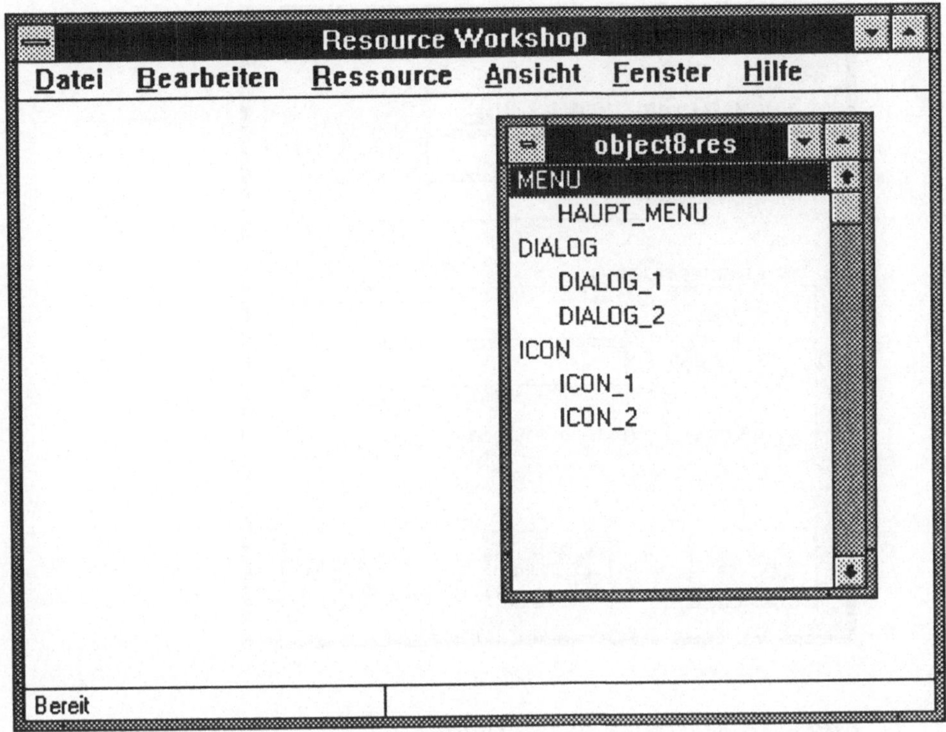

Bild 4-15 Borland Ressource Workshop mit Ressource-Datei

Der BRW stellt Ihnen folgende Menüs zur Verfügung:

- Datei
Neuanlegen, Laden und Speichern von Ressource-Dateien. Bild
4-16 zeigt das Vorgabenfenster, in dem Sie beispielsweise einstellen können, ob eine Backup-Datei erzeugt werden soll.

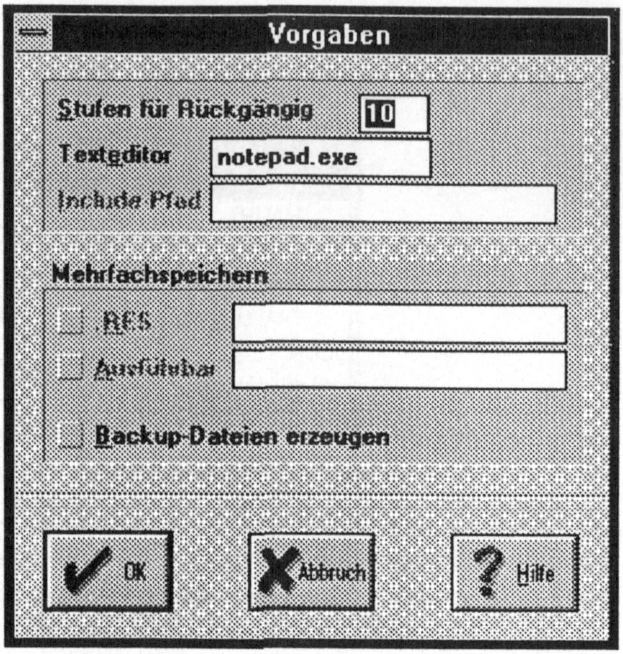

Bild 4-16 Einstellen der Vorgaben

- Bearbeiten
Kopieren, Ausschneiden und Einfügen über die Windows Zwischenablage.

- Ressource
Neuanlegen, Editieren, Umbenennen und Löschen von Ressourcen. Bild 4-17 zeigt das Dialogfenster zum Anlegen neuer Ressourcen.

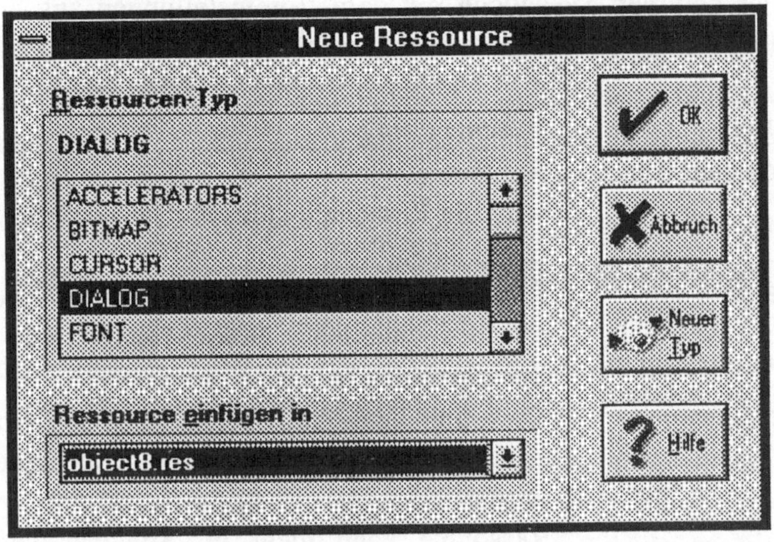

Bild 4-17 Neuanlegen von Ressourcen

Im Menüpunkt Speicheroptionen stellen Sie ein, wie die einzelnen Ressourcen Ihres Projekts im Speicher verwaltet werden sollen (Bild 4-18).

Bild 4-18 Einstellen der Speicheroptionen

Meistens kommen Sie jedoch mit dem Voreinstellungen aus. In
Tabelle 4-7 sind die verschiedenen Speicheroptionen erklärt.

Optionen	Beschreibung
Load on call	Ressource wird nur bei Bedarf geladen. Sonst wird die Ressource beim Aufruf des Programms mit geladen.
Moveable	Ressource kann von Windows im Speicher verschoben werden. Sonst wird ein fester Speicherblock belegt.
Discardable	Ressource kann von Windows aus dem Speicher entfernt werden, wenn Sie nicht mehr benötigt wird.
Pure	Ressource kann nicht im Speicher verändert werden.

Tabelle 4-7 Speicheroptionen für Ressourcen

- Ansicht

Ressourcen sortieren nach Typ (z.B. Bitmaps, Menüs, Icons) oder
nach Dateinamen. Der Menüpunkt *Einträge anzeigen* zeigt nicht
nur den Namen, sondern auch die Bestandteile von Ressourcen an
(Bild 4-19).

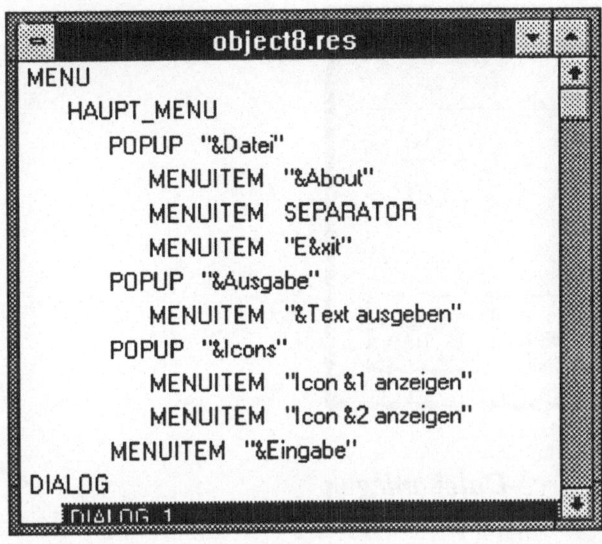

Bild 4-19 Ansicht von Ressourcen mit Einträge anzeigen

- Fenster
Anorden der Fenster.

- Hilfe
Hilfefunktion zum BRW.

4.3.2 Erstellen neuer Ressourcen

Mit dem Menüpunkt *Neues Projekt* können Sie eine neue Ressource-Datei anlegen. Sie wählen nur den gewünschten Dateityp aus (Bild 4-20) und die Arbeit kann beginnen.

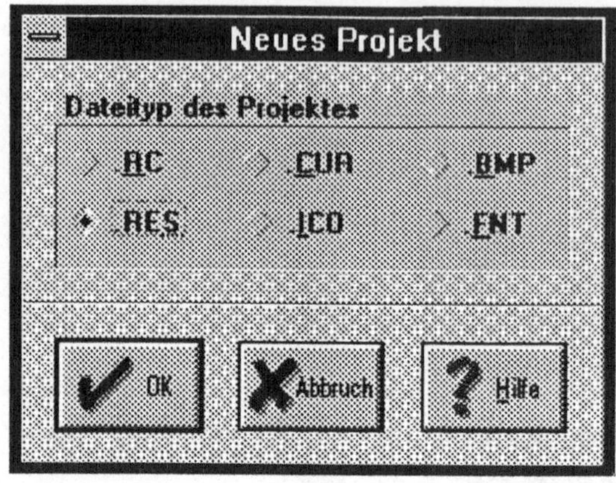

Bild 4-20 Neue Ressource-Datei anlegen

In Tabelle 4-8 sind die Dateitypen näher beschrieben.

Dateityp	Beschreibung
.RC	Ressourcen als ASCII-Text für den Ressourcen-Compiler
.CUR	Mauszeiger
.BMP	Bitmap
.RES	Binäre Ressourcendatei
.ICO	Sinnbilder
.FNT	Schriftarten

Tabelle 4-8 Dateitypen von Ressourcen

Über das Menü *Ressource* können Sie neue Ressourcen anlegen. Die wichtigsten Editoren werden im folgenden kurz beschrieben.

- Dialog-Editor

Bild 4-21 zeigt den Dialog-Editor des BRW.

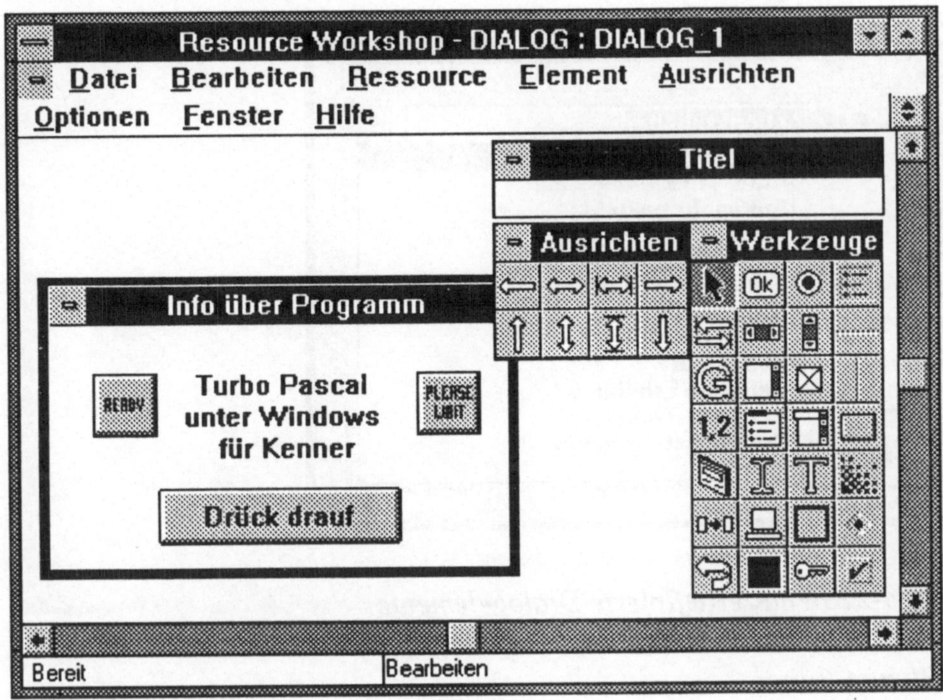

Bild 4-21 Dialog-Editor des BRW

Die Werkzeuge des Dialog-Editors sind in Tabelle 4-3 beschrieben.

Wenn Sie ein eigenes Dialogelement einfügen wollen, erhalten Sie die in Bild 4-22 gezeigte Auswahl.

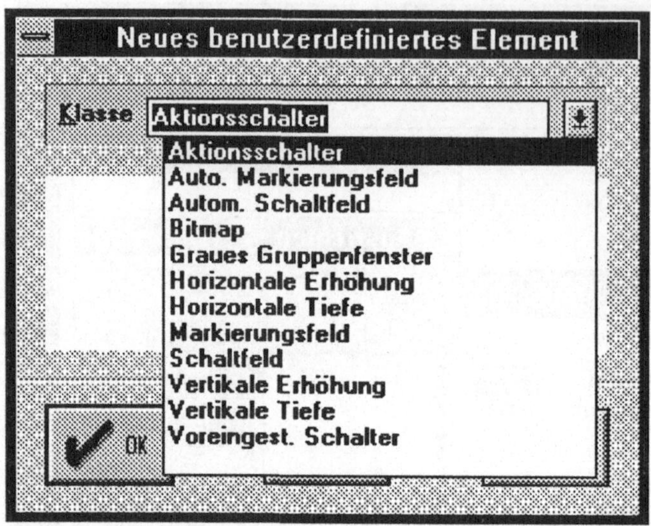

Bild 4-22 Benutzerdefinierte Dialogelemente

- Bitmap-Editor

Der Bitmap-Editor (entsprechend auch Icon-, Font - und Cursor-Editor) verfügt über die in Tabelle 4-4 beschriebenen Zeichenwerkzeuge.

- Menü-Editor

Bild 4-23 zeigt den Menü-Editor des BRW. Dieser unterscheidet sich von dem des WRT.

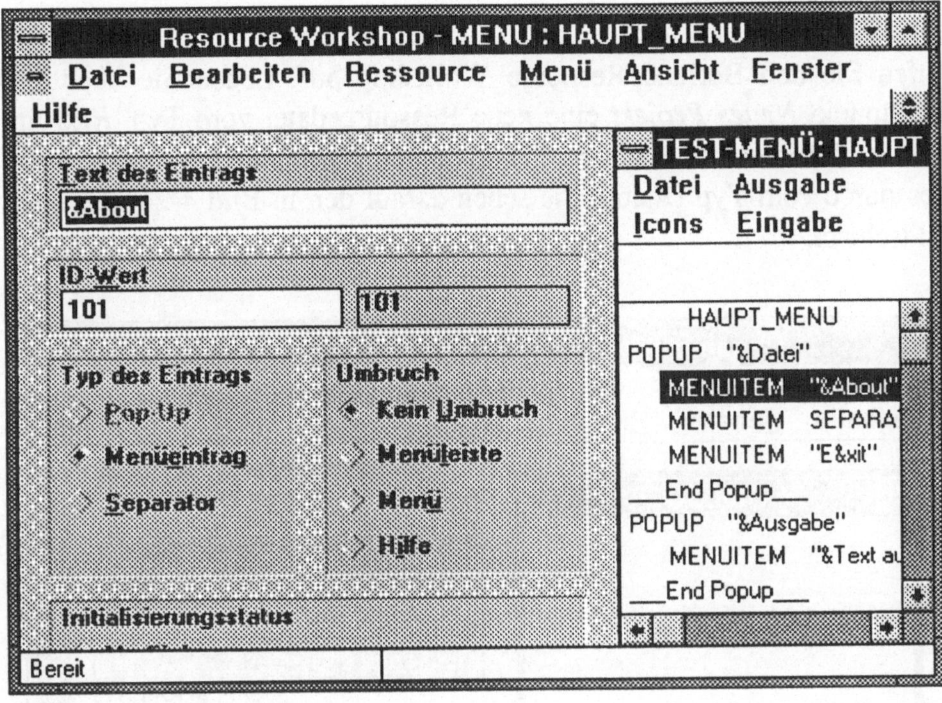

Bild 4-23 Menü-Editor des BRW

4.4 Anwendungsbeispiele für Ressourcen

Die folgenden Programme zeigen die Einbindung von Ressourcen in
Turbo Pascal Programme.

4.4.1 Ressourcen in ObjectWindows-Programmen

In folgenden wird erklärt, wie Sie ein einfaches Dialogfenster erstellen
und die Ressourcedatei in ein bestehendes Programm einbinden können.

- Ressource erstellen

Rufen Sie den Borland Resource Workshop auf. Legen Sie über den
Menüpunkt *Neues Projekt* eine neue Ressourcedatei vom Typ *.RES* an.
Im Menü Ressource erstellen Sie über den Menüpunkt *Neu* eine neue
Ressource vom Typ Dialog. Sie sehen darauf den in Bild 4-24 gezeigten
Bildschirm.

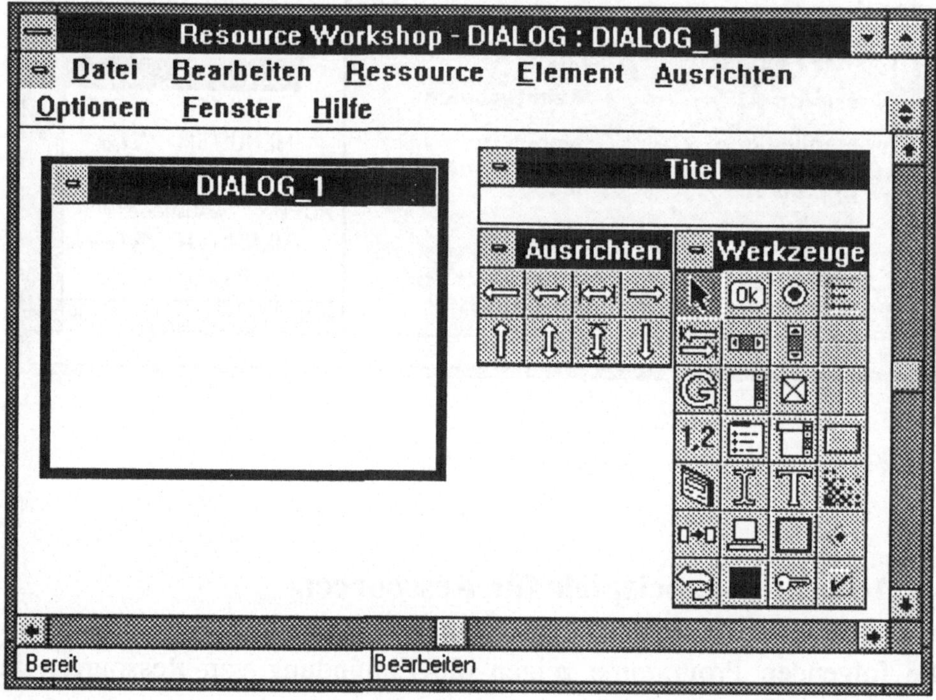

Bild 4-24 Dialogeditor des Borland Resource Workshops

Wählen Sie mit der Maus das Dialogfenster aus. Um das Dialogfenster
ist jetzt ein grauer Rahmen gezogen. Ein Doppelklick in das markierte
Fenster bringt das in Bild 4-25 gezeigte Dialogfenster. In ihm können Sie
die Eigenschaften Ihres Dialogfensters einstellen.

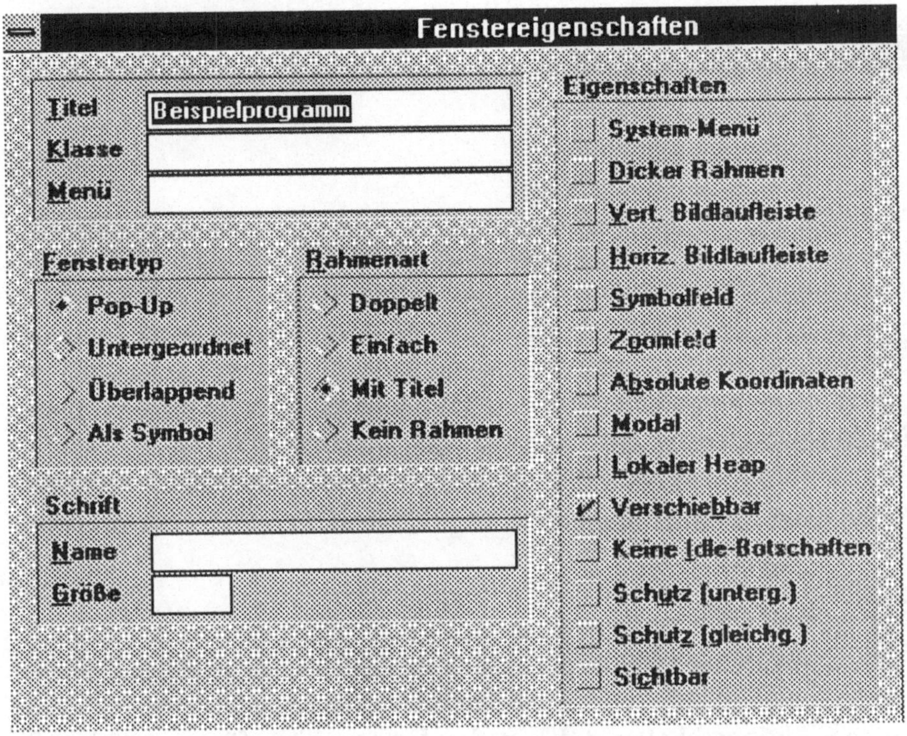

Bild 4-25 Fenstereigenschaften einstellen

Verändern Sie jetzt den Titel in 'Beispielprogramm' und deaktivieren Sie
die Option *System-Menü* im Feld Eigenschaften. Klicken Sie auf OK, um
das Fenster wieder zu schließen. Ihr Dialogfenster sieht jetzt wie Bild 4-
26 aus.

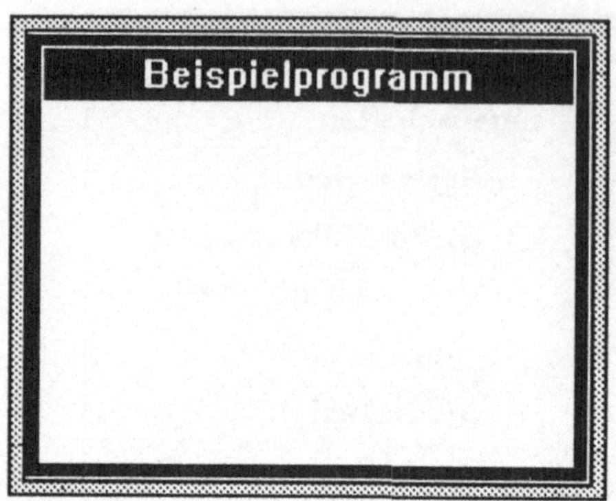

Bild 4-26 Dialogfenster mit Titel und ohne Systemmenü

Einfügen eines Aktionsschalters

Um einen Aktionsschalter 'OK' in das Fenster einzufügen, wählen Sie das Werkzeug zum Erstellen eines Aktionsschalters im Borland-Stil. Positionieren Sie den Schalter mit der Maus an die gewünschte Stelle. Dort klicken Sie mit der linken Maustaste. Der Aktionsschalter wird in das Fenster eingefügt. Ein Doppelklick öffnet wieder ein Fenster zum Einstellen der Eigenschaften des Aktionsschalters. Verändern Sie den ID-Wert auf 1 (Bild 4-27).

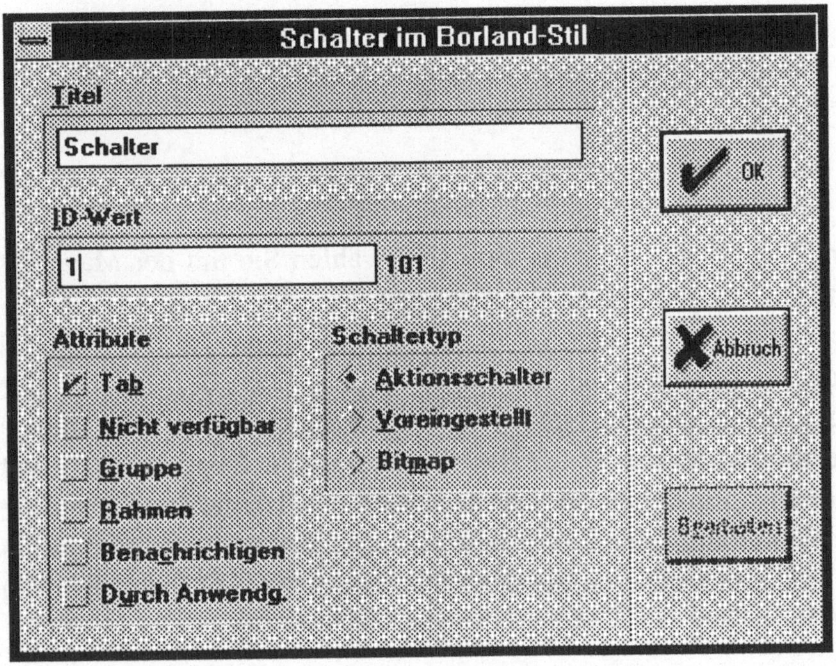

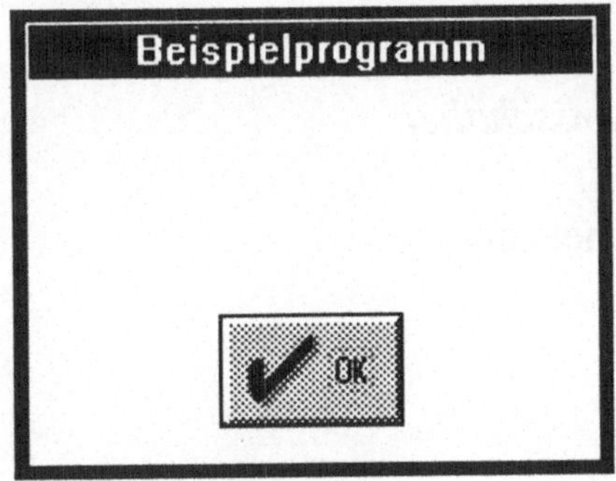

Bild 4-27 Einstellen der Aktionsschalter Eigenschaften

Der ID-Wert definiert die verschiedenen Aktionsschalter. Die Werte 1 bis 7 stehen für die verschiedenen Aktionsschalter im Borland-Stil (z.B. 2 : Abbruch, 5 : Ignorieren). Klicken Sie auf 'OK', um das Fenster zu verlassen. Der Dialog sieht jetzt wie folgt aus (Bild 4-28).

Bild 4-28 Dialogfenster mit Aktionsschalter 'OK'

Einfügen eines Textes

Um einen Text in das Fenster einzufügen, wählen Sie mit der Maus das entsprechende Sinnbild aus. Positionieren Sie die Maus an die gewünschte Stelle und drücken Sie die linke Maustaste. Um das Textfeld zu vergrößern, bewegen Sie die Maus in eine Ecke des Feldes. Der Mauszeiger verändert sich, und Sie können durch Halten der linken Maustaste die Größe des Textfeldes verändern. Ein Doppelklick öffnet ein Fenster zum Einstellen der Eigenschaften des Textfeldes. Geben Sie den Text 'Wer einem seine Zange leiht, vermißt sie oft für lange Zeit.' in das Feld *Titel* ein. Verlassen Sie das Eigenschaftenfenster durch Klicken auf 'OK' (Bild 4-29).

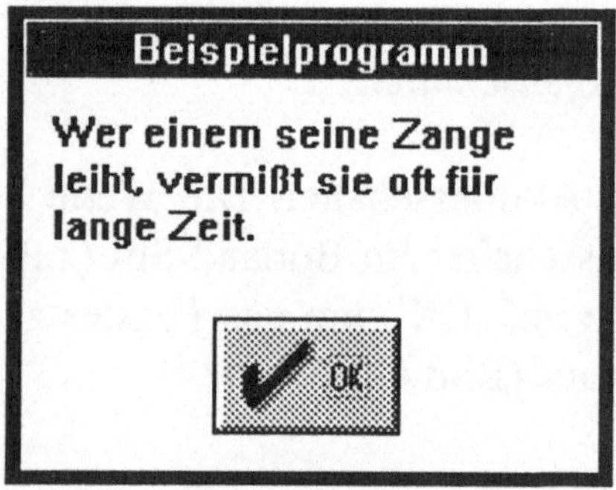

Bild 4-29 Dialogfenster mit Text und Aktionsschalter

Die Erstellung des Dialogfensters ist jetzt beendet.

-Ressourcendatei in das Programm einbinden

Eine Ressourcendatei wird durch den Compilerschalter $R in ein Programm eingebunden. In diesem Beispiel wurde das Programm OBJRES1.PAS und die Ressourcendatei OBJRES1.RES genannt.

Als Grundlage für das Programm diente der Quellkode des Programms OBJECT3.PAS. Verändert wurde lediglich die Prozedur *WMLButtonDown*, die aufgerufen wird, wenn die linke Maustaste gedrückt wird.

```
PROCEDURE TMeinWindow.WMLButtonDown(VAR Msg : TMessage);
VAR MeinDialog : TDialog;
BEGIN
  MeinDialog.Init(@Self, 'DIALOG_1');
  MeinDialog.Execute;
  MeinDialog.Done;
END;
```

Die Variable *MeinDialog* vom Typ *TDialog* wird in *MeinDialog.Init* mit dem Dialogfenster 'DIALOG_1' aus der Ressourcendatei verbunden. Die Methode *MeinDialog.Execute* bringt das Dialogfenster auf den Bildschirm. Mit *MeinDialog.Done* wird der Dialog beendet.

Im folgenden ist das gesamte Programm zu sehen:

```
PROGRAM OBJRES1;

{$R OBJRES1.RES}        (* Ressourcedatei einbinden *)

USES WObjects, WinTypes, WinProcs;
TYPE
    PMeinWindow = ^TMeinWindow;
    TMeinWindow = OBJECT(TWindow)
                PROCEDURE WMLButtonDown(VAR Msg : TMessage);
                    Virtual wm_First + wm_LButtonDown;
            END;
    MeinAppTyp  = OBJECT(TApplication)
                PROCEDURE InitMainWindow; Virtual;
            END;
```

```
PROCEDURE TMeinWindow.WMLButtonDown(VAR Msg : TMessage);
VAR MeinDialog : TDialog;
BEGIN
  MeinDialog.Init(@Self, 'DIALOG_1');
  MeinDialog.Execute;
  MeinDialog.Done;
END;


PROCEDURE MeinAppTyp.InitMainWindow;
BEGIN
  MainWindow := New(PMeinWindow, Init(NIL,
                    'Einbinden von Ressourcen'));
END;


VAR
   MeinApp : MeinAppTyp;


BEGIN
  MeinApp.Init('TPWBuchApp');
  MeinApp.Run;
  MeinApp.Done;
END.
```

Bild 4-30 zeigt das laufende Programm mit dem Dialogfenster.

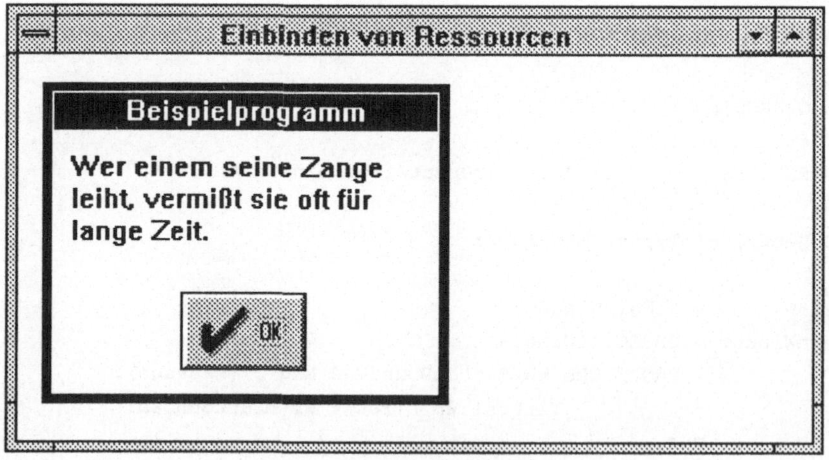

Bild 4-30 Programm mit Dialogfenster

4.4.2 Ressourcen in Windows API-Programmen

Im folgenden Beispiel wird eine Menüressource in ein Windows API-Programm eingebunden. Auf die Programmierung mit dem Windows API (Application Programming Interface) wird in Abschnitt 5 ausführlich eingegangen.

- Ressource erstellen

Erstellen Sie eine neue Ressource vom Typ *Menü*. Bild 4-31 zeigt den Menü-Editor des BRW.

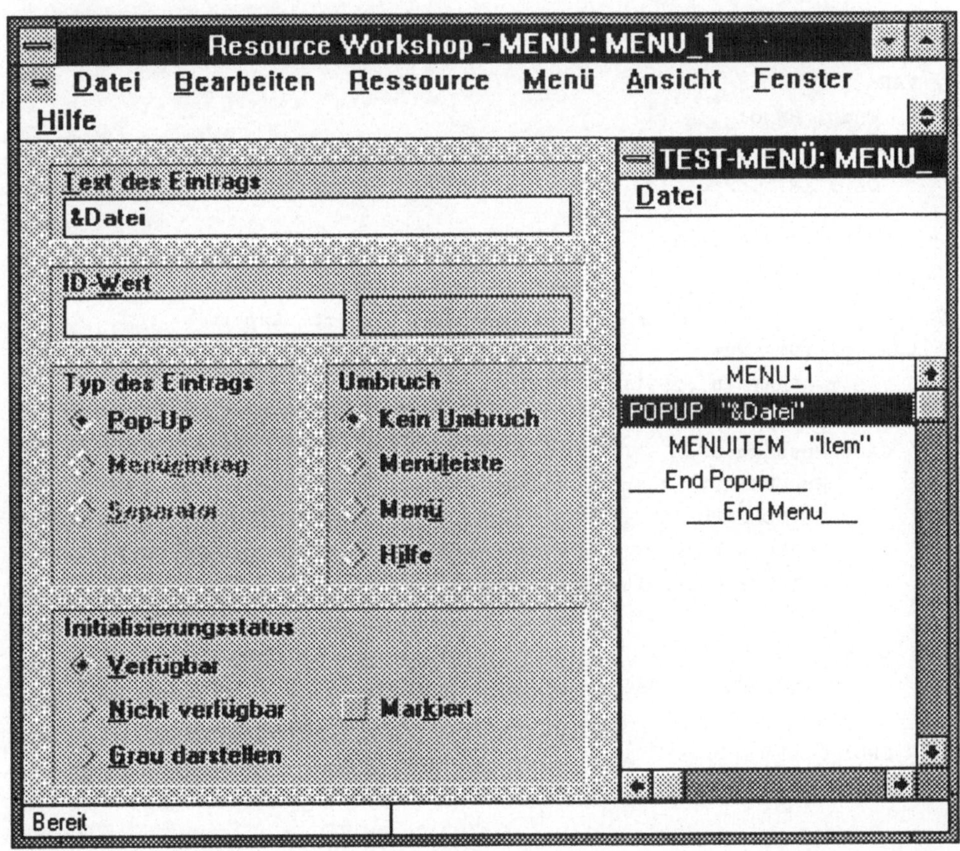

Bild 4-31 Menü-Editor des BRW

Verändern Sie den *Text des Eintrages* in '&Datei', um ein neues Menü
mit Namen 'Datei' zu erstellen. Mit Pfeiltaste nach unten kommen Sie
zum ersten Menüpunkt, der *Item* heißt. Ändern Sie diesen Text in 'Ende'.
Als *ID_Wert* tragen Sie 101 ein.

- Ressourcendatei in das Programm einbinden

```
PROGRAM APIRES1;

USES WinProcs, WinTypes, Strings;


{$R APIRES1.RES}


VAR
   Wnd : HWnd;
   Inst : THandle;
   OK : INTEGER;



FUNCTION MainWindow(Wnd : HWnd; Message, WParam : WORD;
                    LParam : LongInt) : LongInt; Export;
VAR i : INTEGER;
    S : ARRAY [0..255] OF CHAR;
BEGIN
  CASE Message OF
      WM_DESTROY: PostQuitMessage(0);
      WM_COMMAND:
       CASE WParam OF
        101 : PostQuitMessage(1);
       END;
  ELSE
      MainWindow := DefWindowProc(Wnd, Message, WParam,
                                  LParam);
  END;
END;
```

```pascal
FUNCTION Init(Instance : THandle; CmdShow :
                        INTEGER) : BOOLEAN;
BEGIN
  Wnd := CreateWindow('WindowClass', 'TPW für Profis -
                     Programm 1', WS_OVERLAPPEDWINDOW,
                  100, 100, 400, 150, GetFocus, 0,
                  Instance, NIL);

  IF Wnd = 0 THEN
  BEGIN
    Init := False;
    Exit;
  END;
  ShowWindow(Wnd, CmdShow);
END;


FUNCTION InitWindow(Instance: THandle): BOOLEAN;
VAR
  WindowClass: TWndClass;
BEGIN
  WITH WindowClass DO
  BEGIN
    style := CS_HRedraw OR CS_VRedraw;
    lpfnWndProc := @MainWindow;
    cbClsExtra := 0;
    cbWndEXtra := 0;
    hInstance := Instance;
    hIcon := LoadIcon(hInstance, 'ICON_2');
    hCursor := LoadCursor(0, IDC_Arrow);
    hbrBackground := GetStockObject(White_Brush);
    lpszMenuName := 'MENU_1';
    lpszClassName := 'WindowClass';
  END;
  InitWindow := RegisterClass(WindowClass);
END;


VAR
  Message : TMsg;
  AccTable : THandle;
```

```
BEGIN
  IF NOT InitWindow(hInstance) THEN Halt;
  IF NOT Init(hInstance, CmdShow) THEN Halt;
  AccTable := LoadAccelerators(hInstance,'TASTEN');
    WHILE GetMessage(Message, 0, 0, 0) DO
    BEGIN
      TranslateAccelerator(Wnd, AccTable, Message);
      TranslateMessage(Message);
      DispatchMessage(Message);
    END;
END.
```

Bild 4-32 zeigt das Fenster mit dem Menü.

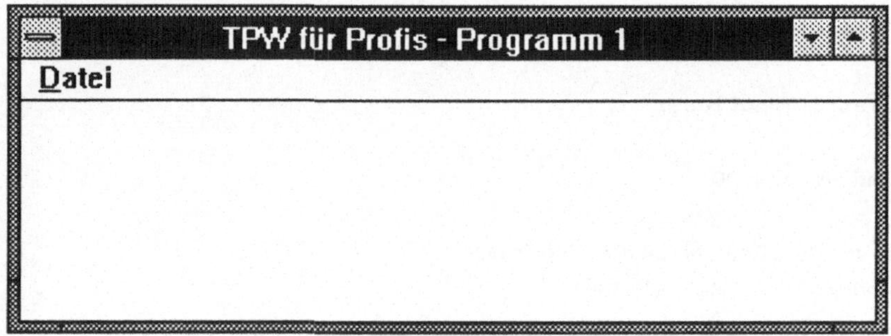

Bild 4-32 API-Programm mit Menü

5 Schnittstelle zu Windows (API)

API steht für Application Programmers Interface und stellt dem Programmierer die Funktionen zur Verfügung, die er zur Erstellung von Windows-Programmen benötigt. Dazu gehören Datenstrukturen, Funktionen und Botschaften.

Im folgenden werden nur die wichtigsten Konstanten und Funktionen des API beschrieben.

5.1 UNIT's WinTypes und WinProcs

Die UNIT WinTypes enthält die Datenstrukturen (z.B. TWndClass) und Konstanten (z.B. ws_xxx Windowstyle) des API. Die UNIT WinProcs enthält die Funktionen des API (z.B. ShowWindow).

Das Erstellen von Windows-Programmen mit den API-Funktionen ist sehr aufwendig und ergibt umfangreiche Programme (großer Quellkode-Umfang). Dem Programmierer von Turbo Pascal für Windows bietet sich mit ObjectWindows eine einfachere Möglichkeit, Windows-Programme zu erstellen. Bei Bedarf kann er zudem bestimmte Funktionen des API verwenden.

Beim folgenden Programm sehen Sie, wie umfangreich ein einfaches API Programm bereits ist, selbst wenn Sie nur ein einfaches Fenster anzeigen wollen.

```
PROGRAM API1;

USES WinProcs, WinTypes, Strings;

CONST
  AppName = 'TPWBuchApp';
```

```pascal
VAR
  Window : HWnd;


FUNCTION WindowProc(Window : HWnd; Message, WParam :
                WORD; LParam : Longint):Longint; export;
BEGIN
  WindowProc := 0;
  CASE Message OF
    wm_Destroy : BEGIN
                    MessageBox(Window, 'Auf Wiederfenstern
                            bei Turbo Pascal unter Windows',
                            '- Letzte Meldung von TPW Buch
                            API-Programm -',
                            mb_OK+mb_SystemModal);
                    PostQuitMessage(0);
                 END;
    END;
  WindowProc := DefWindowProc(Window, Message, WParam,
                            LParam);
END;


PROCEDURE WinMain;
VAR
   Message : TMsg;
CONST
  WindowClass : TWndClass = (
                    style          : 0;
                    lpfnWndProc    : @WindowProc;
                    cbClsExtra     : 0;
                    cbWndExtra     : 0;
                    hInstance      : 0;
                    hIcon          : 0;
                    hCursor        : 0;
                    hbrBackground  : 0;
                    lpszMenuName   : '';
                    lpszClassName  : AppName);
BEGIN
  IF HPrevInst = 0 THEN
  BEGIN
    WindowClass.hInstance := HInstance;
    WindowClass.hIcon := LoadIcon(0, idi_Application);
    WindowClass.hCursor := LoadCursor(0, idc_Arrow);
```

```
      WindowClass.hbrBackground := GetStockObject
                                        (white_Brush);
    IF NOT RegisterClass(WindowClass) THEN Halt(255);
  END;
  Window := CreateWindow(AppName, 'TPW Buch API-Programm',
            ws_OverlappedWindow,
            cw_UseDefault, cw_UseDefault,
            cw_UseDefault, cw_UseDefault,
            0, 0, HInstance, NIL);
  ShowWindow(Window, CmdShow);
  UpdateWindow(Window);

  WHILE GetMessage(Message, 0, 0, 0) DO BEGIN
    TranslateMessage(Message);
    DispatchMessage(Message);
  END;
  Halt(Message.wParam);
END;


BEGIN
  WinMain;
END.
```

Das Programm besteht aus folgenden Teilen:

- Definieren der Fensterklasse,

In der Prozedur *WinMain* wird eine neue Fensterklasse *Window-Class* definiert.

- Definieren und Anzeigen des Fensters,

Durch die API-Funktion *CreateWindow* wird die neue Fenster-klasse erstellt und mit der API-Prozedur *ShowWindow* auf dem Bildschirm angezeigt.

- Empfangen von Windows-Botschaften,

Die API-Funktion *GetMessage* nimmt die Botschaften von Windows an. Durch die API-Funktion *TranslateMessage* werden die Botschaften in eine für das Programm verständliche Form gebracht. Die Funktion *DispatchMessage* übergibt die Nachricht schließlich an die Prozedur des Programmes weiter, welche auf die Botschaften reagiert.

- Reaktion auf bestimmte Botschaften.

Die Funktion *WindowProc* übernimmt die Reaktion auf die Botschaften, die für das Programm von Bedeutung sind.

5.2 Erstellen einer Fensterklasse

Der grundlegende Datentyp einer Fensterklasse ist das Array *TWndClass*. Tabelle 5-1 zeigt die einzelnen Felder von *TWndClass*.

Feldname	Typ	Beschreibung
Style	Word	Art des Fensters
lpfnWndProc	Pointer	Zeiger auf die Funktion, welche die Botschaften bearbeitet, die das Fenster bekommt
cbClsExtra	Integer	Zusätzlicher Speicherbereich (ExtraBytes) am Ende des TWndClass Records, der Ihnen für eigene Zwecke zur Verfügung steht. Falls der Speicherplatz nicht benötigt wird, muß cbClsExtra explizit auf null gesetzt werden. Steht allen Fenstern dieser Klasse zur Verfügung

cbWndExtra	Integer	Zusätzlicher Speicherbereich am Ende der Fensterklasse. Steht nur dem jeweiligen Fenster zur Verfügung
hInstance	THandle	Handle auf die Fensterklasse
hIcon	HIcon	Handle für das Icon der Fensterklasse
hCursor	HCursor	Handle auf den Cursor der Fensterklasse
hbrBackground	HBrush	Hintergrundfarbe des Fensters
lpszMenuName	PChar	Name des Menüs des Fensters (falls vorhanden)
lpszClassName	PChar	Name der Fensterklasse

Tabelle 5-1 Felder von TWndClass

Durch die API-Funktion *RegisterClass* wird Windows gebeten, diese neue Fensterklasse zur Kenntnis zu nehmen. Falls Windows dies nicht tut, weil beispielsweise kein Speicherplatz zur Verfügung steht, muß das Programm beendet werden. Wurde die Fensterklasse erfolgreich registriert, ist der Rückgabewert der Funktion *RegisterClass* ungleich 0, im anderen Fall gleich 0.

```
IF NOT RegisterClass(WindowClass) THEN Halt(255);
```

Die Fensterklasse hat die Attribute, die durch die Variable vom Typ *TWndClass* definiert sind. Eine Klasse mit demselben Namen kann nicht zweimal registriert werden.

5.3 Definieren und Anzeigen des Fensters

Mit der API-Funktion *CreateWindow* wird ein neues Fenster erzeugt. Dabei wird Größe, Position und Aussehen des Fensters festgelegt. Der Rückgabewert ist 0, wenn das Fenster nicht erzeugt wurde, ansonsten liefert er einen Bezeichner auf das neue Fenster.

```
Window := CreateWindow(AppName, 'TPW Buch API-Programm',
         ws_OverlappedWindow,
         cw_UseDefault, cw_UseDefault,
         cw_UseDefault, cw_UseDefault,
         0, 0, HInstance, NIL);
```

Tabelle 5-2 beschreibt die Parameter der Funktion *CreateWindow*.

Parameter	Typ	Beschreibung
ClassName	PChar	Name der Fensterklasse
WindowName	PChar	Titel des Fensters
Style	LongInt	Aussehen des Fensters (z.B. Konstante ws_xxx)
X	Integer	X-Koordinate des Fensters
Y	Integer	Y-Koordinate des Fensters
Width	Integer	Breite des Fensters
Heigth	Integer	Höhe des Fensters
WndParent	HWnd	Parent Window
Menu	HMenu	Name eines Menüs
Instance	THandle	Anzahl der Aufrufe dieser Fensterklasse
Param	Pointer	Zeigt auf eine Datenstruktur, die zur Erstellung von MDI-Client Fenstern benötigt wird

Tabelle 5-2 Parameter der Funktion CreateWindow

Die Funktion *ShowWindow* zeigt das mit *Window* bezeichnete Fenster so an, wie es in *CmdLine* durch die Konstanten *sw_xxx* beschrieben ist. Tabelle 5-3 zeigt die wichtigsten dieser Konstanten.

Konstante	Beschreibung
sw_Hide	Fenster nicht anzeigen
sw_Maximize	Fenster als Vollbild anzeigen
sw_Minimize	Fenster als Symbol (nicht aktiv) anzeigen

sw_Normal	Fenster, wie in CreateWindow definiert, anzeigen
sw_Show	Fenster in aktueller Größe und Position anzeigen

Tabelle 5-3 Konstanten sw_xxx

Die folgende Zeile zeigt den Aufruf von *ShowWindow* im vorigen Programm.

```
ShowWindow(Window, CmdShow);
```

5.4 Auswertung der Botschaften

Jedes API-Programm muß - wie ein mit *ObjectWindows* geschriebenes Programm - auf Botschaften reagieren, die ihm mitteilen, was der Anwender getan hat. Beispielsweise erfährt das Programm, ob der Anwender die Maus bewegt oder einen Menüpunkt ausgewählt hat. Dies geschieht bei API-Programmen in der *Messageloop*. Dort werden alle ankommenden Botschaften analysiert. Die folgenden Programmzeilen übernehmen diese Ausgabe:

```
WHILE GetMessage(Message, 0, 0, 0) DO BEGIN
   TranslateMessage(Message);
   DispatchMessage(Message);
END;
```

Die Funktion *GetMessage* empfängt die Botschaften von Windows und legt die Botschaften in der Datenstruktur *Message* ab. Die Prozedur *TranslateMessage* übersetzt die eingehenden Botschaften so, daß sie vom Programm verstanden werden. *DispatchMessage* leitet die Botschaften an die Funktion im Programm weiter, die auf die Botschaften reagiert. Im vorliegenden Fall übernimmt die Funktion *WindowProc* diese Aufgabe. Diese wird im folgenden näher beschrieben:

```
FUNCTION WindowProc(Window : HWnd; Message, WParam :
            WORD; LParam : Longint):Longint; export;
```

```pascal
BEGIN
  WindowProc := 0;
  CASE Message OF
    wm_Destroy : BEGIN
                    MessageBox(Window, 'Auf Wiederfenstern
                        bei Turbo Pascal unter Windows',
                        '- Letzte Meldung von TPW Buch
                        API-Programm -',
                        mb_OK+mb_SystemModal);
                    PostQuitMessage(0);
                 END;
    WindowProc := DefWindowProc(Window, Message, WParam,
                            LParam);
  END;
```

In dieser Funktion werden die Botschaften Schritt für Schritt abgeprüft,
ob das Programm auf die jeweilige Botschaft reagiert oder nicht. Falls
das Programm auf eine Botschaft nicht reagiert, wird die Funktion *Def-
WindowProc* aufgerufen. Im vorliegenden Fall wird nur geprüft, ob der
Benutzer das Programm beenden will (*wm_Destroy*). Das Programm
reagiert darauf mit einer Nachricht (*MessageBox*) und wird beendet
(*PostQuitMessage*). Bild 5-1 zeigt die Bildschirmdarstellung Ihres ersten
API-Programms.

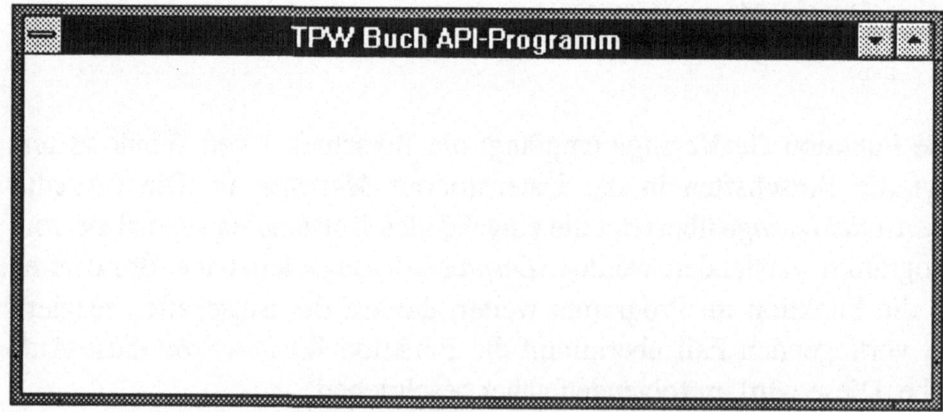

Bild 5-1 Das erste API-Programm

Wenn ein Programm um neue Funktionen erweitert wird, geschieht dies meistens durch eine Erweiterung der Funktion *WindowProc*. Das vorliegende Programm bietet Ihnen die Grundlage für eigene Erweiterungen. Die folgenden Programme zeigen Ihnen einige Möglichkeiten.

5.5 Weitere Anwendungen

5.5.1 Gittermuster erzeugen

Im Programm API2 wird in das Fenster ein Gittermuster gezeichnet.

```
PROGRAM API2;

USES WinProcs, WinTypes, Strings;

CONST
 AppName = 'TPWBuchApp';

VAR
 Window : HWnd;

PROCEDURE MaleMuster;
VAR
 MeinDC : HDC;
 i      : INTEGER;
BEGIN
  MeinDC:=GetDC(Window);
  MoveTo(MeinDC, 0,0);
  FOR i := 1 TO 10 DO
  BEGIN
    MoveTo(MeinDC, i*100, 0);
    LineTo(MeinDC, i*100, 786);
  END;
  MoveTo(MeinDC, 0, 0);
  FOR i := 1 TO 10 DO
  BEGIN
    MoveTo(MeinDC, 0, i*100);
```

```pascal
      LineTo(MeinDC, 1024, i*100);
    END;
    MoveTo(MeinDC, 0, 0);
    ReleaseDC(Window,MeinDC);
END;


FUNCTION WindowProc(Window : HWnd; Message, WParam : WORD;
                    LParam : Longint):Longint; export;
BEGIN
  WindowProc := 0;
  CASE Message OF
    wm_Paint   : MaleMuster;
    wm_Destroy : BEGIN
                   MessageBox(Window, 'Auf Wiederfenstern
                         bei Turbo Pascal unter Windows',
                         '- Letzte Meldung von TPW Buch
                          API-Programm -',
                         mb_OK+mb_SystemModal);
                   PostQuitMessage(0);
                 END;
  END;
  WindowProc := DefWindowProc(Window, Message, WParam, LParam);
END;


PROCEDURE WinMain;
VAR
   Message : TMsg;
CONST
  WindowClass : TWndClass = (
                    style         : 0;
                    lpfnWndProc   : @WindowProc;
                    cbClsExtra    : 0;
                    cbWndExtra    : 0;
                    hInstance     : 0;
                    hIcon         : 0;
                    hCursor       : 0;
                    hbrBackground : 0;
                    lpszMenuName  : '';
                    lpszClassName : AppName);
```

```
BEGIN
  IF HPrevInst = 0 THEN
  BEGIN
    WindowClass.hInstance := HInstance;
    WindowClass.hIcon := LoadIcon(0, idi_Application);
    WindowClass.hCursor := LoadCursor(0, idc_Arrow);
    WindowClass.hbrBackground := GetStockObject(white_Brush);
    IF NOT RegisterClass(WindowClass) THEN Halt(255);
  END;
  Window := CreateWindow(AppName, 'TPW Buch API-Programm',
              ws_OverlappedWindow,
              cw_UseDefault, cw_UseDefault,
              cw_UseDefault, cw_UseDefault,
              0, 0, HInstance, NIL);
  ShowWindow(Window, CmdShow);
  UpdateWindow(Window);
  WHILE GetMessage(Message, 0, 0, 0) DO BEGIN
    TranslateMessage(Message);
    DispatchMessage(Message);
  END;
  Halt(Message.wParam);
END;


BEGIN
  WinMain;
END.
```

In die Prozedur *WindowProc* wird die folgende Zeile eingefügt:

```
    wm_Paint   : MaleMuster;
```

Die Botschaft *wm_Paint* erhält das Programm immer dann, wenn es
seinen Fensterinhalt neu aufbauen muß. Beispielsweise, wenn es durch
ein anderes Fenster verdeckt wurde, oder der Benutzer die Größe des
Fensters verändert. Das Programm reagiert durch die Prozedur *MaleMu-
ster*, die das Gittermuster zeichnet.

```
PROCEDURE MaleMuster;
VAR
 MeinDC : HDC;
 i      : INTEGER;
BEGIN
  MeinDC:=GetDC(Window);
  MoveTo(MeinDC, 0,0);
  FOR i := 1 TO 10 DO
  BEGIN
    MoveTo(MeinDC, i*100, 0);
    LineTo(MeinDC, i*100, 786);
  END;
  MoveTo(MeinDC, 0, 0);
  FOR i := 1 TO 10 DO
  BEGIN
    MoveTo(MeinDC, 0, i*100);
    LineTo(MeinDC, 1024, i*100);
  END;
  MoveTo(MeinDC, 0, 0);
  ReleaseDC(Window,MeinDC);
END;
```

Die Funktion *GetDC* liefert einen Bildschirm-Kontext, wie in Abschnitt
3.6.2 beschrieben. Mit der Funktion *MoveTo* legen Sie die aktuelle
Position fest. Ab dieser Position wird mit *LineTo* zum angebenen Punkt
eine Linie gezogen. Mit den beiden FOR-Schleifen wird ein Gittermuster
erzeugt. Der Bildschirm-Kontext wird mit *ReleaseDC* wieder freigegeben. In Bild 5-2 sehen Sie dieses Gittermuster.

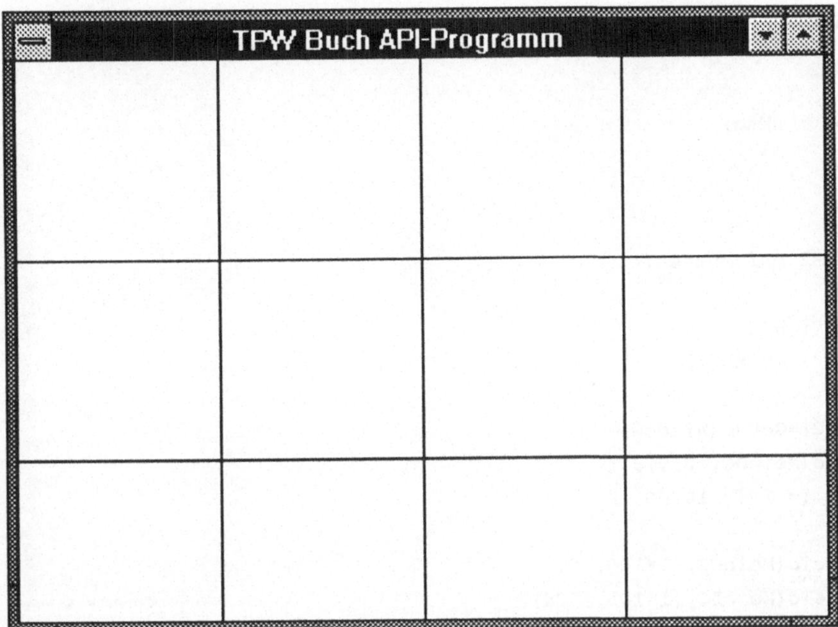

Bild 5-2 Gittermuster im Fenster

5.5.2 Menü hinzufügen

Am folgenden Beispiel wird Ihnen gezeigt, wie ein Menü hinzugefügt
wird, und welche Befehle nötig sind, um auf die Menüpunkte zu reagieren. Sie erstellen das Menü mit dem Menü-Editor des Borland Resource
Workshop, wie in Abschnitt 4.1.1 beschrieben ist. Dieses Menü ist in der
Datei API3.RES gespeichert.

```
PROGRAM API3;


{$R API3.RES}


USES WinProcs, WinTypes, Strings;
```

```pascal
CONST
 AppName = 'TPWBuchApp';

VAR
 Window : HWnd;


PROCEDURE MaleMuster;
VAR
 MeinDC : HDC;
 i      : INTEGER;
BEGIN
  MeinDC:=GetDC(Window);
  MoveTo(MeinDC, 0,0);
  FOR i := 1 TO 10 DO
  BEGIN
    MoveTo(MeinDC, i*100, 0);
    LineTo(MeinDC, i*100, 786);
  END;
  MoveTo(MeinDC, 0, 0);
  FOR i := 1 TO 10 DO
  BEGIN
    MoveTo(MeinDC, 0, i*100);
    LineTo(MeinDC, 1024, i*100);
  END;
  MoveTo(MeinDC, 0, 0);
  ReleaseDC(Window,MeinDC);
END;

FUNCTION WindowProc(Window : HWnd; Message, WParam : WORD;
                    LParam : Longint):Longint; export;
BEGIN
  WindowProc := 0;

  CASE Message OF
    wm_Paint   : MaleMuster;
    wm_Destroy : BEGIN
                   MessageBox(Window, 'Auf Wiederfenstern
                         bei Turbo Pascal unter Windows',
                       '- Letzte Meldung von TPW Buch
                       API-Programm -',
```

```
                              mb_OK+mb_SystemModal);
                    PostQuitMessage(0);
                END;
      wm_Command : Case wParam Of
                   101 : MessageBox(Window, 'Sie haben
                                   Auswahl 1 getroffen',
                                   'Mitteilung', mb_OK);
                   102 : MessageBox(Window, 'Sie haben
                                   Auswahl 2 getroffen',
                                   'Mitteilung', mb_OK);
                   103 : MessageBox(Window, 'Sie haben
                                   Auswahl 3 getroffen',
                                   'Mitteilung', mb_OK);
                   100 : Begin
                           MessageBox(Window, 'Das
                            Programm wird beendet.',
                            'Schlußmeldung', mb_OK);
                           PostQuitMessage(0);
                         End;
                   End;
    END;
    WindowProc := DefWindowProc(Window, Message, WParam,
                                              LParam);
END;

PROCEDURE WinMain;
VAR
   Message : TMsg;


CONST
   WindowClass : TWndClass = (
                   style         : 0;
                   lpfnWndProc   : @WindowProc;
                   cbClsExtra    : 0;
                   cbWndExtra    : 0;
                   hInstance     : 0;
                   hIcon         : 0;
                   hCursor       : 0;
                   hbrBackground : 0;
                   lpszMenuName  : 'MENU_1';
                   lpszClassName : AppName);
```

```
BEGIN
  IF HPrevInst = 0 THEN
  BEGIN
    WindowClass.hInstance := HInstance;
    WindowClass.hIcon := LoadIcon(0, idi_Application);
    WindowClass.hCursor := LoadCursor(0, idc_Arrow);
    WindowClass.hbrBackground := GetStockObject
                                      (white_Brush);
    IF NOT RegisterClass(WindowClass) THEN Halt(255);
  END;
  Window := CreateWindow(AppName, 'TPW Buch API-
                                    Programm',
            ws_OverlappedWindow,
            cw_UseDefault, cw_UseDefault,
            cw_UseDefault, cw_UseDefault,
            0, 0, HInstance, NIL);
  ShowWindow(Window, CmdShow);
  UpdateWindow(Window);
  WHILE GetMessage(Message, 0, 0, 0) DO BEGIN
    TranslateMessage(Message);
    DispatchMessage(Message);
  END;
  Halt(Message.wParam);
END;

BEGIN
  WinMain;
END.
```

Zuerst fügen Sie zu der Fensterklasse *WindowClass* das Menü *MENU_1*
hinzu. Es wird unter *lpszMenuName* eingetragen.

```
WindowClass : TWndClass = (
                    style          : 0;            *
                    lpfnWndProc    : @WindowProc;
                    cbClsExtra     : 0;
                    cbWndExtra     : 0;
                    hInstance      : 0;
                    hIcon          : 0;
                    hCursor        : 0;
                    hbrBackground  : 0;
                    lpszMenuName   : 'MENU_1';
```

```
                    lpszClassName : AppName);
```

Danach erweitern Sie die Funktion *WindowProc* in der Weise, daß sie
auf die Menü-Botschaften reagiert. Alle Botschaften, die sich auf die
Tastatur, die Maus und Menüs beziehen, werden durch die Botschaft
wm_Command an das Programm weitergeleitet. Der Parameter *wParam*
enthält beispielsweise den Wert des Menüpunkts. Dieser Wert wird im
Menü-Editor von Ihnen für jeden Menüpunkt festgelegt.

```
FUNCTION WindowProc(Window : HWnd; Message, WParam : WORD;
                    LParam : Longint):Longint; export;
BEGIN
  WindowProc := 0;
  CASE Message OF
    wm_Paint   : MaleMuster;
    wm_Destroy : BEGIN
                 MessageBox(Window, 'Auf Wiederfenstern
                         bei Turbo Pascal unter Windows',
                         '- Letzte Meldung von TPW Buch
                         API-Programm -',
                         mb_OK+mb_SystemModal);
                 PostQuitMessage(0);
                 END;
    wm_Command : Case wParam Of
                 101 : MessageBox(Window, 'Sie haben
                               Auswahl 1 getroffen',
                               'Mitteilung', mb_OK);
                 102 : MessageBox(Window, 'Sie haben
                               Auswahl 2 getroffen',
                               'Mitteilung', mb_OK);
                 103 : MessageBox(Window, 'Sie haben
                               Auswahl 3 getroffen',
                               'Mitteilung', mb_OK);
                 100 : Begin
                       MessageBox(Window, 'Das
                       Programm wird beendet.',
                       'Schlußmeldung', mb_OK);
                       PostQuitMessage(0);
                       End;
                 End;
  END;
```

```
WindowProc := DefWindowProc(Window, Message, WParam,
                                       LParam);
  END;
```

**Für die Auswahl 1 bis 3 erzeugt das Programm eine MessageBox mit der
entsprechenden Nachricht für den Benutzer (Bild 5-3).**

Bild 5-3 Nachricht für Menüpunkt 'Auswahl 2'

**Auf den Menüpunkt 'Ende', der den Wert 100 besitzt, reagiert das Pro-
gramm mit der bereits in den vorigen Programmen verwendeten Nachricht und wird beendet.**

6 Debuggen mit dem Turbo Debugger unter Windows

Bild 6-1 zeigt den Menübaum des Turbo Debuggers für Windows.

```
View
    ├── Breakpoints
    ├── Log
    ├── Watches
    ├── Variables
    ├── Hierarchy
    └── Windows Messages

Run
    ├── Run (F9)
    ├── Go to cursor (F4)
    ├── Trace into (F7)
    └── Step over (F8)

Breakpoints
    └── Toggle (F2)

Data
    ├── Inspect...
    └── Evaluate/modifiy...
```

Bild 6-1 Menübaum des TDW

6.1 Debuggen von Windows-Programmen

Mit dem Debugger kann der Programmierer Fehler in Programmen lokalisieren und erkennen. Dabei sind folgende Fehlerarten zu unterscheiden (Tabelle 6-1).

Fehlerart	Beschreibung
Syntax-Fehler	Werden meist vom Compiler erkannt (z.B. Strichpunkt vergessen).
Deklarations-Fehler	Können mit dem Debugger gefunden werden (z.B. WORD statt INTEGER).
Logische Fehler	Können nur vom Programmierer selbst gefunden werden. Weder Compiler noch Debugger können dabei helfen.

Tabelle 6-1 Fehlerarten

Die Fehlersuche in einem Programm verläuft in folgenden vier Schritten:

** Erkennen des Fehlers*

Zunächst muß erkannt werden, daß das Programm einen Fehler enthält.

** Lokalisieren des Fehlers*

Der erkannte Fehler wird jetzt im Programm gesucht. Der Debugger hilft Ihnen dabei, indem er das Programm schrittweise ablaufen läßt. Dabei können beispielsweise die Werte einzelner Variablen überwacht werden.

** Fehlerart feststellen*

Der Programmierer muß die Art des Fehlers nach Tabelle 6-1 feststellen und entscheiden, wie der Fehler zu beheben ist.

** Fehler beheben*

Je nach Art des Fehlers muß der Programmierer auf andere Art und Weise versuchen diesen zu beheben. Beispielsweise durch eine andere Variablendeklaration.

Der Turbo Debugger bietet Ihnen folgende Möglichkeiten zur Fehlersuche an:

** Trace Into*

Das Programm wird Anweisung für Anweisung abgearbeitet. Enthält ein Programm Prozedur- bzw. Funktionsaufrufe, dann wird in die jeweiligen Programmteile gesprungen und dort Schritt für Schritt ausgeführt.

** Step Over*

Hier findet ebenfalls eine schrittweise Abarbeitung des Programmes statt. Im Gegensatz zu *Trace* werden Prozedur- und Funktionsaufrufe übersprungen. Sie können somit die Fehlersuche beschleunigen, wenn Ihre Prozeduren und Funktionen fehlerfrei sind.

** GoTo Cursor*

Das Programm wird bis zu der Anweisung ausgeführt, an der der Cursor steht. Dies ist hilfreich, wenn Sie bereits wissen, wo der Fehler zu suchen ist.

** Run*

Läßt das Programm ablaufen. Der Programmablauf kann durch *Break-points* an bestimmten Stellen angehalten werden.

Breakpoints

An dieser Stelle wird der Programmablauf unterbrochen. Sie können jetzt beispielsweise Werte von Variablen untersuchen.

** Watches*

In einem eigenen Fenster (Watches-Fenster) werden bestimmte Variablen und deren Werte angezeigt.

** Inspect*

Für jede Variable, Konstante, Prozedur oder Funktion kann ein eigenes Inspect-Fenster geöffnet werden. In diesem Fenster stehen folgende Informationen:

- Inhalte von Variablen und Objekten,

- Datentypen von Variablen, Objekten, Prozeduren und Funktionen,

- Adressen von Prozeduren und Funktionen,

** Change*

Sie können den Inhalt von lokalen und globalen Variablen verändern. Damit sind Sie beispielsweise in der Lage, auszuprobieren, welche Wirkungen andere Werte zeigen.

6.2 Unterschiede zum Turbo Debugger für DOS

Die folgende Tabelle 6-2 zeigt die zusätzlichen Funktionen des Turbo Debuggers unter Windows.

Funktion	Beschreibung
Windows-Botschaften anzeigen	Im Fenster *Windows Messages* sehen Sie die Botschaften im Ausschnitt *Messages*
Inhalt des globalen und lokalen Heaps	Diesen Speicherbereich stellt Windows allen Programmen zur Verfügung. In diesem Speicherbereich stehen beispielsweise Ressourcen. Wählen Sie *View Log* öffnen Sie ein Log-Fenster. Halten Sie die rechte Maustaste gedrückt und wählen Sie *DisplayWindows Info*. Im dem folgenden Dialogfenster *Windows Information* wählen Sie zwischen globalem und lokalem Heap aus.
Erstellung von Modullisten	Anzeige aller Module, die Windows geladen hat, auch alle DLL´s. Wählen Sie dazu im Dialogfenster *Windows Information* Module List aus.
Debuggen von DLL´s	Der Turbo Debugger unterstützt auch das Debuggen von DLL´s, deren Nutzung und Erstellung in Abschnitt 7.1 näher beschrieben wird.

Tabelle 6-2 Neue Funktionen des Turbo Debuggers unter Windows

6.3 Einfaches Beispielprogramm

Der Debugger wird im Menü *Ausführen* als Menüpunkt *Debugger*
angewählt. Der Debugger läuft im Textmodus. Mit der Tastenkombina-
tion <Alt>-5 wird auf den Windows-Bildschirm umgeschaltet. Falls Sie
zwei Bildschirme besitzen, können Sie auf dem einen den Debugger im
Textmodus und auf dem anderen den Windows-Bildschirm im Grafik-
modus sehen. Dies ist bei häufigem Einsatz des Debuggers zu empfeh-
len. Falls Sie Windows in einer höheren Auflösung als Standard VGA
betreiben, ist dies die einzige Möglichkeit, ein Programm zu debuggen.
Bei diesen Auflösungen wird der Windows-Bildschirm vom Debugger
nicht mehr korrekt aufgebaut.

Sie sehen jetzt in Bild 6-2 den Quelltext des Programmes in einem Fenster und das Watches-Fenster.

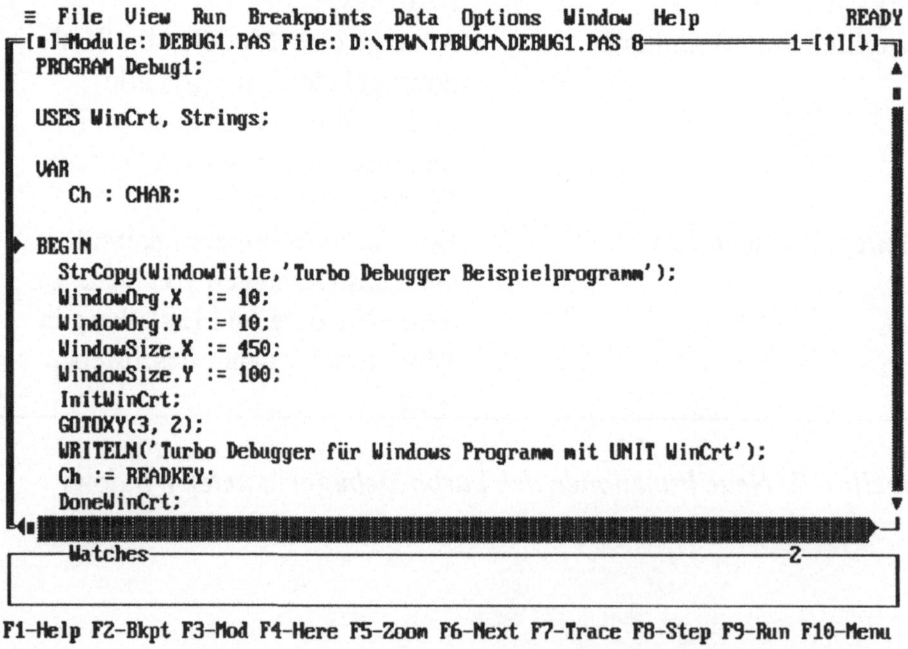

```
≡ File  View  Run  Breakpoints  Data  Options  Window  Help            READY
┌[■]=Module: DEBUG1.PAS File: D:\TPW\TPBUCH\DEBUG1.PAS 8═══════════1=[↑][↓]┐
 PROGRAM Debug1;                                                          ▲
                                                                         ■
 USES WinCrt, Strings;

 VAR
    Ch : CHAR;

▶ BEGIN
    StrCopy(WindowTitle,'Turbo Debugger Beispielprogramm');
    WindowOrg.X  := 10;
    WindowOrg.Y  := 10;
    WindowSize.X := 450;
    WindowSize.Y := 100;
    InitWinCrt;
    GOTOXY(3, 2);
    WRITELN('Turbo Debugger für Windows Programm mit UNIT WinCrt');
    Ch := READKEY;
    DoneWinCrt;                                                          ▼
└◀■▓▓▓▓▓▓▓▓▓▓▓▓▓▓▓▓▓▓▓▓▓▓▓▓▓▓▓▓▓▓▓▓▓▓▓▓▓▓▓▓▓▓▓▓▓▓▓▓▓▓▓▓▓▓▓▓▓▶┘
┌─Watches──────────────────────────────────────────2────────────────────┐
│                                                                        │
└────────────────────────────────────────────────────────────────────────┘
F1-Help F2-Bkpt F3-Mod F4-Here F5-Zoom F6-Next F7-Trace F8-Step F9-Run F10-Menu
```

Bild 6-2 Turbo Debugger

Im Menü *View* können Sie sich verschiedene andere Fenster anzeigen
lassen. Tabelle 6-3 zeigt die wichtigsten:

Fenster	Beschreibung
Breakpoints	Anzeige aller Unterbrechungspunkte
Variables	Anzeige aller Variablen, auch die der UNIT's (z.B. WinCrt.WindowOrg)
Hierarchy	Anzeige der Hierarchie der Objekte.
Windows Messages	Anzeige der Windows-Botschaften (z.B. wm_xxx Botschaften)

Tabelle 6-3 Wichtige Fenster im Turbo Debugger

Am folgenden Programm werden die ersten Schritte mit dem Turbo Debugger unter Windows beschrieben.

```
PROGRAM Debug1;

USES WinCrt, Strings;

VAR
   Ch : CHAR;

BEGIN
   StrCopy(WindowTitle,'Turbo Debugger Beispielprogramm');
   WindowOrg.X  := 10;
   WindowOrg.Y  := 10;
   WindowSize.X := 450;
   WindowSize.Y := 100;
   InitWinCrt;
   GOTOXY(3, 2);
   WRITELN('Turbo Debugger für Windows Programm mit UNIT  WinCrt');
   Ch := READKEY;
   DoneWinCrt;
END.
```

Öffnen Sie ein Variablen-Fenster im Menü *View* (Bild 6-3). Das Fenster zeigt Ihnen die Prozeduren, Funktionen, Variablen und Konstanten an. Bei Funktionen und Prozeduren werden die Adressen angezeigt, und bei Variablen und Konstanten deren Werte.

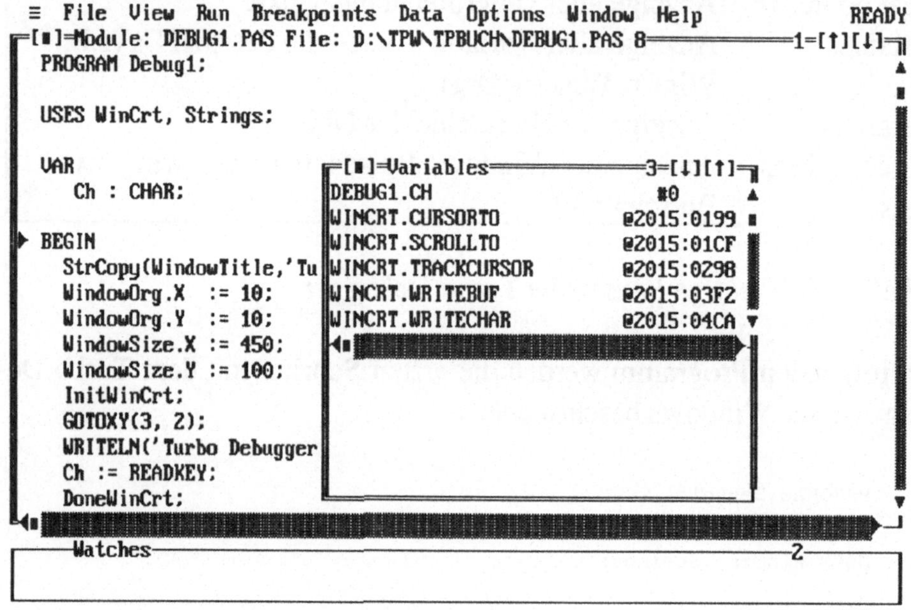

Bild 6-3 Variablen-Fenster

Mit der Taste <F7> führen Sie das Programm schrittweise aus. Nach jedem Befehl sehen Sie im Variablen-Fenster die Änderungen. Der Debugger wechselt während der Ausführung ständig zwischen den Bildschirmen. Deshalb ist es sinnvoll, zum Debuggen zwei Bildschirme zu verwenden.

Wenn Sie eine Variable genauer betrachten wollen, übernehmen Sie diese ins Watches-Fenster. Dazu klicken Sie mit der rechten Maustaste die Stelle an, an der die Variable steht. Sie erhalten ein Menü, in dem Sie den Menüpunkt *Watch* auswählen. Nehmen Sie beispielsweise die Variable *WindowsTitle*, die eine nullterminierende Zeichenkette ist (Bild 6-4).

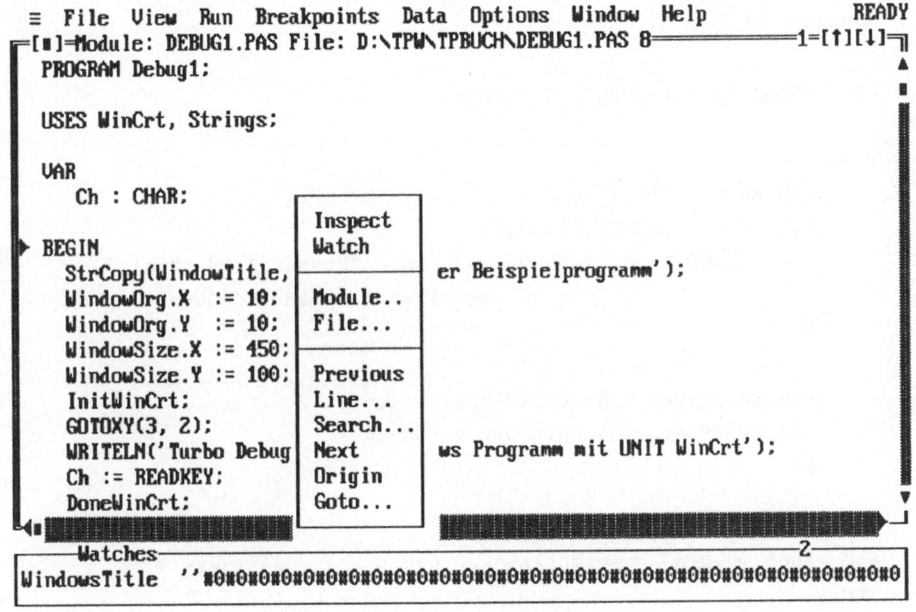

Bild 6-4 WindowsTitle im Watches-Fenster

Vor dem Start des Programms ist die Zeichenkette leer. Nach einmaligem Drücken der Taste <F7> steht in *WindowsTitle* der Name des Programms mit dem kompletten Pfad. Ein weiterer Druck auf <F7> führt die erste Zeile des Programms aus, in der *WindowsTitle* eine andere Zeichenkette zugewiesen wird. Im Watches-Fenster wird sofort die neue Zeichenkette angezeigt. Mit <Alt>-x wird der Debugger verlassen.

6.4 Debuggen objektorientierter Programme

Im folgenden wird anhand eines ObjectWindows-Programms das Debuggen von objektorientierten Programmen gezeigt. Das Programm entspricht dem Programm Object3 (Abschnitt 3.4). Es öffnet ein Fenster
und soll auf das Klicken der linken Maustaste reagieren.

```
PROGRAM Debug2;


USES WObjects, WinTypes, WinProcs;


TYPE
    PMyWindow = ^TMyWindow;
    TMyWindow = OBJECT(TWindow)
      PROCEDURE WMLButtonDown(VAR Msg : TMessage); Virtual
                             wm_First + wm_LButtonDown;
    END;


    TPWBuchAppType = OBJECT(TApplication)
      PROCEDURE InitMainWindow; Virtual;
    END;



PROCEDURE TMyWindow.WMLButtonDown(VAR Msg : TMessage);
BEGIN
  MessageBox(HWindow, 'Sie haben die linke Maustaste gedrückt',
                     'TPW Buch Meldung', mb_OK);
END;




PROCEDURE TPWBuchAppType.InitMainWindow;
    BEGIN
      MainWindow := New(PMyWindow, Init(NIL, 'TPWBuch
                    ObjectWindows Programm'));
    END;
```

```
VAR
    TPWBuchApp : TPWBuchAppType;

BEGIN
  TPWBuchApp.Init('TPWBuchApp');
  TPWBuchApp.Run;
  TPWBuchApp.Done;
END.
```

Laden Sie zunächst den Turbo Debugger (Menü Ausführen-Debugger). Gehen Sie in folgenden Schritten vor:

1. Cursor auf Prozedur TPWBuchAppType setzen

2. Mit <F2> Breakpoint auf Zeile MainWindow := ...... setzen

3. Mit rechter Maustaste auf MainWindow klicken und Watches auswählen

Im Watches Fenster erscheint:

MainWindow	????

Das bedeutet, daß MainWindow zur Zeit nicht bekannt ist (Programm läuft noch nicht).

4. Mit der Taste <F8> Programm starten

Der Wert von MainWindow ändert sich nicht, weil es eine lokale Variable der Prozedur *InitMainWindow* ist.

5. Drücken der Taste <F8>, um in die Prozedur InitMainWindow zu gelangen

Sie sehen jetzt eine Veränderung im Watches-Fenster (MainWindow hat den Wert *nil*).

6. MainWindow initialisieren (2 mal <F8> drücken)

MainWindow zeigt im Watches-Fenster eine Adresse an (Bild 6-5).

```
≡ File  View  Run  Breakpoints  Data  Options  Window  Help        READY
┌[■]=Module: DEBUG2 File: D:\TPW\TPBUCH\DEBUG2.PAS══════════════1=[↑][↓]=┐
  TYPE                                                                  ▲
      PMyWindow = ^TMyWindow;
      TMyWindow = OBJECT(TWindow)
        PROCEDURE WMLButtonDown(VAR Msg : TMessage); Virtual
                            wm_First + wm_LButtonDown;
      END;
      TPWBuchAppType = OBJECT(TApplication)
        PROCEDURE InitMainWindow; Virtual;                             ▮
      END;


  PROCEDURE TMyWindow.WMLButtonDown(VAR Msg : TMessage);
  BEGIN
    MessageBox(HWindow, 'Sie haben die linke Maustaste gedrückt', 'TPW Buch Me
  END;


  PROCEDURE TPWBuchAppType.InitMainWindow;
     BEGIN
       MainWindow := New(PMyWindow, Init(NIL, 'TPWBuch ObjectWindows Programm▼
┌◄■▓▓▓▓▓▓▓▓▓▓▓▓▓▓▓▓▓▓▓▓▓▓▓▓▓▓▓▓▓▓▓▓▓▓▓▓▓▓▓▓▓▓▓▓▓▓▓▓▓▓▓▓▓▓▓▓▓▓▓▓►┘
┌─Watches─────────────────────────────────────────────────2─────┐
│MainWindow                    20DD:0000C :   PWINDOWSOBJECT     │
└───────────────────────────────────────────────────────────────┘
F1-Help F2-Bkpt F3-Mod F4-Here F5-Zoom F6-Next F7-Trace F8-Step F9-Run F10-Menu
```

Bild 6-5 Initialisiertes MainWindow

Falls an dieser Stelle MainWindow nicht initialisiert wird, liegt ein Fehler im Programm vor.

7. Cursor zur Prozedur WMLButtonDown bewegen

8. Mit Taste <F2> Breakpoint auf BEGIN setzen

9 Mit Taste <F9> Programm ablaufen lassen

Sie sehen den Windows-Bildschirm mit dem Programm-Fenster. Der Debugger läßt das Programm jetzt normal ablaufen, bis Sie den gesetzten Breakpoint erreichen. Drücken Sie die linke Maustaste und der Debugger erscheint wieder auf dem Bildschirm.

10. Auswahl von View-Breakpoints

In einem neuen Fenster werden alle gesetzten Breakpoints angezeigt (Bild 6-6).

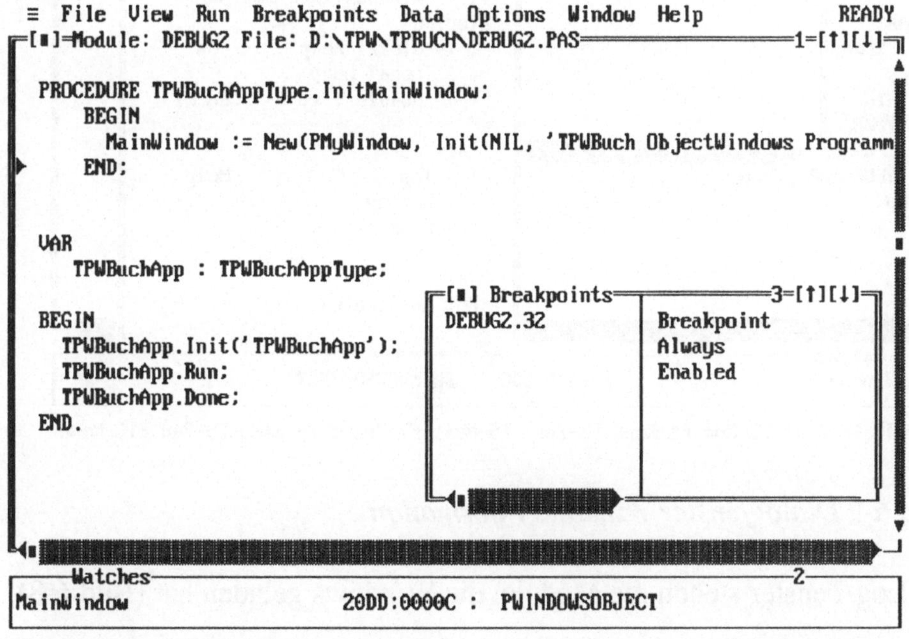

Bild 6-6 Fenster mit Breakpoints

Mit <Alt>-<F3> schließen Sie das Breakpoint-Fenster wieder.

11. Auswahl von View-Log

Öffnen Sie mit der rechten Maustaste das lokale Menü des Fensters und wählen Sie *Display Windows info* aus. In dem Dialogfenster *Windows Information* wählen Sie *Module List* aus (Bild 6-7).

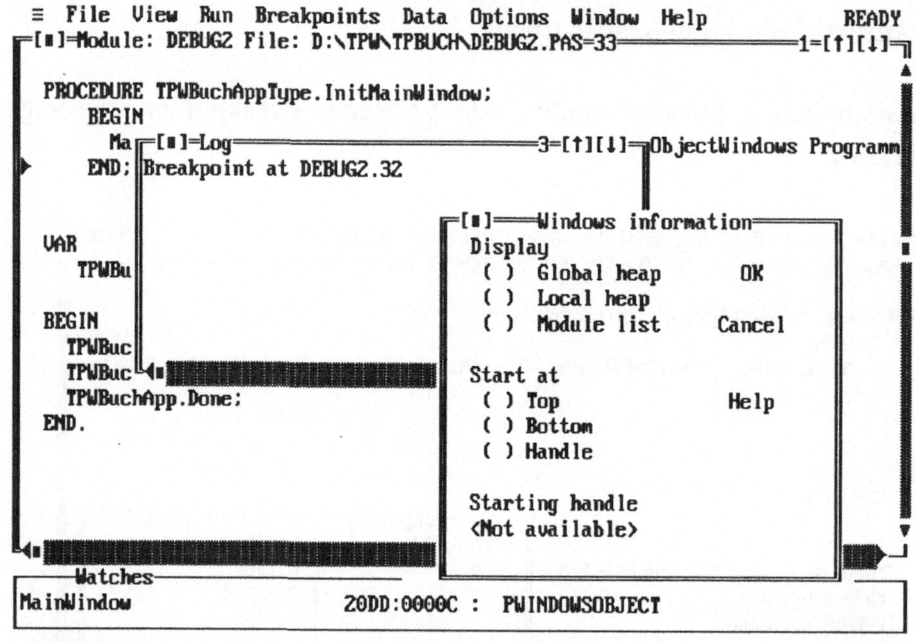

Bild 6-7 Dialogfenster Windows Information

Im Log-Fenster stehen die Module, die Windows geladen hat (Bild 6-8).

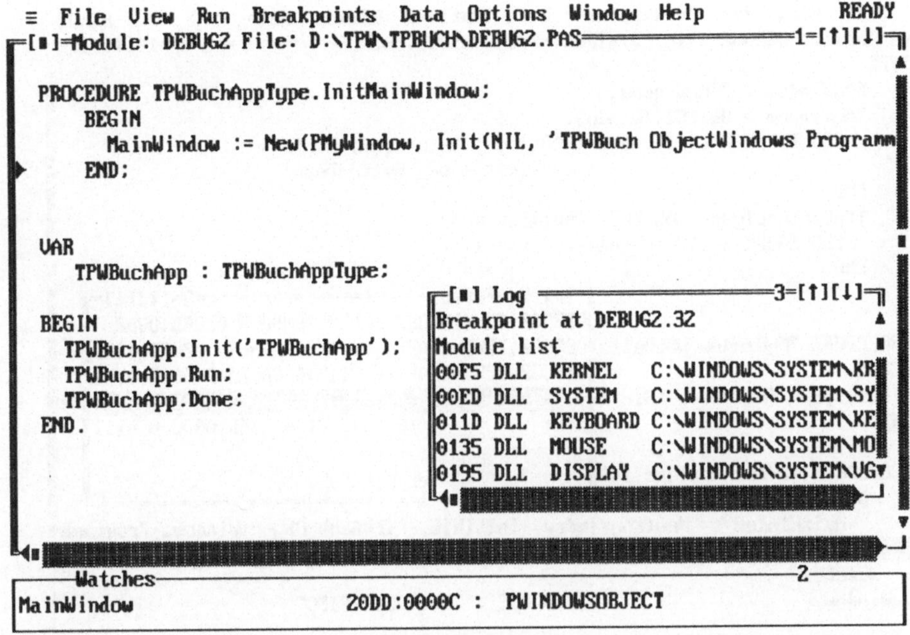

Bild 6-8 Log-Fenster mit geladenen Modulen.

Schließen Sie das Fenster wieder mit <Alt>-<F3>.

12. Auswahl von View-Variables

Bild 6-9 zeigt eine Liste der Prozeduren und Funktionen mit deren jeweiligen Speicheradressen.

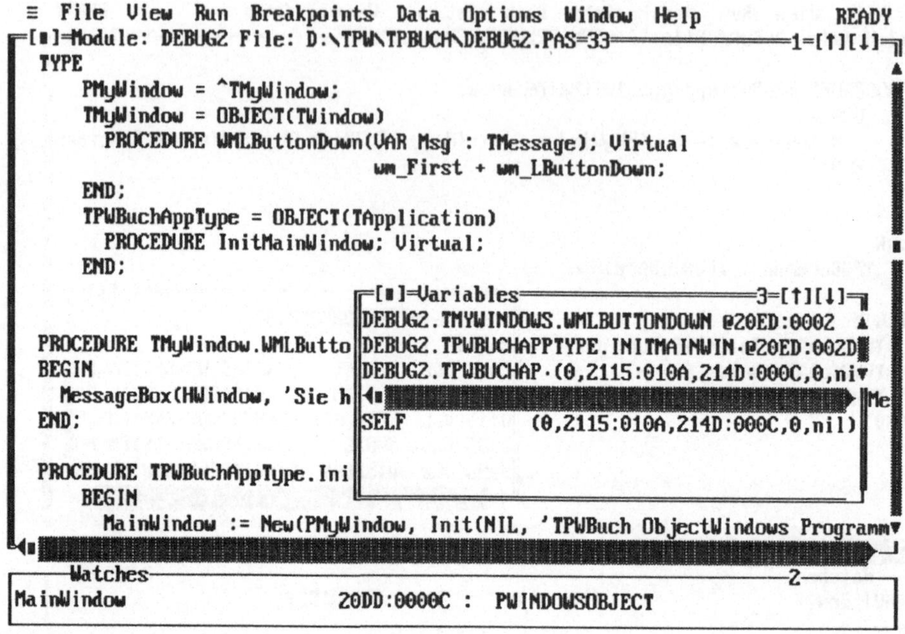

Bild 6-9 Fenster mit Prozeduren und Funktionen

Angezeigt werden alle Prozeduren und Funktionen, die von Ihrem Programm verwendet werden.

Der erste Teil des Namens gibt an, aus welcher UNIT die Funktion bzw. Prozedur stammt. Folgende UNIT´s werden in unserem Programm verwendet:

- *WOBJECTS,*

- *STRINGS,*

- *WINPROCS,*

- *SYSTEM.*

Schließen Sie das Fenster mit <Alt>-<F3>.

13. Drücken Sie 2 mal <F8>

Sie sehen den Windows-Bildschirm mit der Meldung, daß die linke Maustaste gedrückt wurde. Bestätigen Sie durch klicken auf OK. Das Programm kehrt wieder in den Debugger zurück.

14. Auswahl von View-Hierarchy

In einem Fenster wird die Hierarchie der Objekte angezeigt. Suchen Sie nach dem Objekt TPWBuchAppType, das für dieses Programm verwendet wurde. Ein Druck auf die rechte Maustaste bringt ein Menü, in dem Sie *Tree* auswählen. Im rechten Teil des Fensters wird die Lage des Objekts in der Baumstruktur der Objekte angezeigt. Es ist unter *TApplication* angeordnet, von dem es abgeleitet wurde (Bild 6-10).

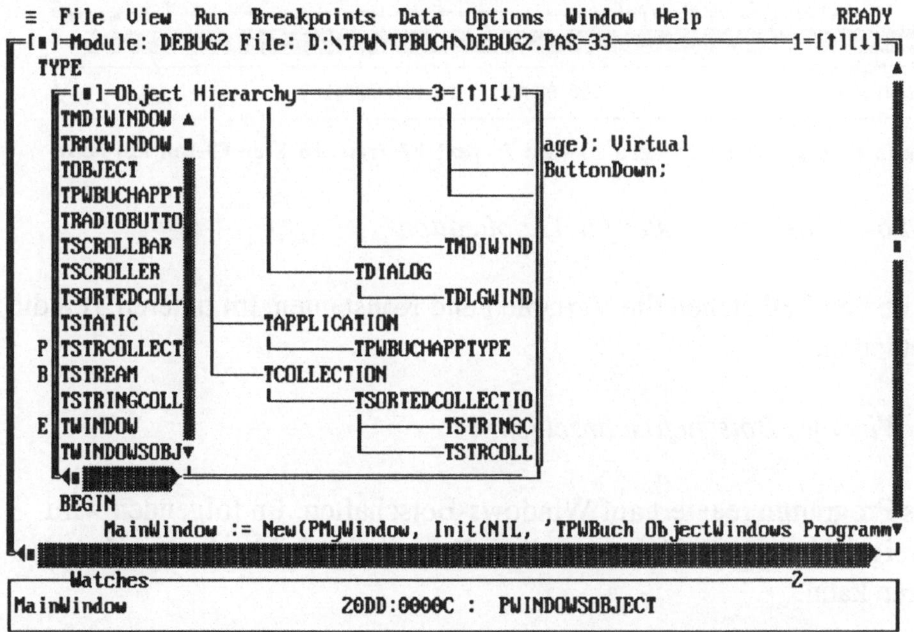

Bild 6-10 Hierarchie der Objekte des Programms

Mit einem rechten Mausklick erhalten Sie die Möglichkeit, das Objekt Ihrer Wahl näher zu untersuchen (*Inspect*). Bild 6-11 zeigt ein solches Inspect-Fenster des Objekts *TApplication*.

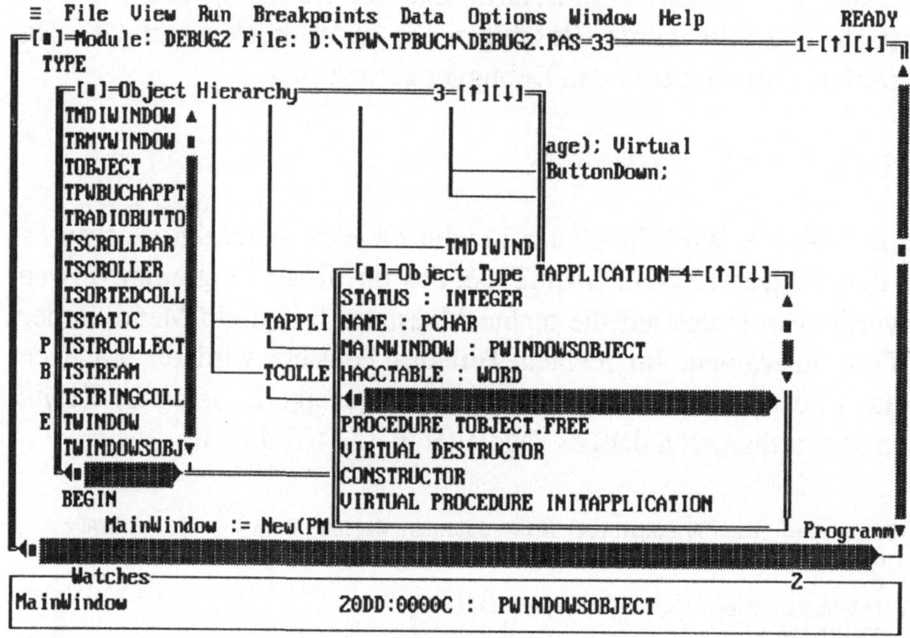

Bild 6-11 Inspect-Fenster für TApplication

Im oberen Teil stehen die Variablen und Konstanten, im unteren Teil die Methoden.

15. Windows-Botschaften anzeigen

Das Programm reagiert auf Windows-Botschaften. Im folgenden wird gezeigt, wie man im Debugger diese Botschaften beobachten und analysieren kann.

6.5 Die UNIT NoDebug

Diese UNIT verhindert mit einfachen Mitteln, das Debuggen von Windows-Programmen. Die UNIT muß nur über die USES Anweisung in das Programm aufgenommen werden und schon ist ein debuggen nicht mehr möglich. Das folgende Programm reagiert auf einen Debugversuch mit der Meldung 'Kein Debuggen möglich !'.

```
PROGRAM DEBUG3;

USES WObjects, NoDebug;

TYPE
    TPWBuchAppType = OBJECT(TApplication)
                        PROCEDURE InitMainWindow; Virtual;
                     END;


    PROCEDURE TPWBuchAppType.InitMainWindow;
    BEGIN
      MainWindow := New(PWindow, Init(NIL, 'TPWBuch
                        ObjectWindows Programm'));
    END;

VAR
    TPWBuchApp : TPWBuchAppType;

BEGIN
  TPWBuchApp.Init('TPWBuchApp');
  TPWBuchApp.Run;
  TPWBuchApp.Done;
END.
```

7 Tips und Tricks beim Programmieren unter Windows

7.1 Allgemeine Hinweise

Um in Turbo Pascal für Windows effizient programmieren zu können, sollten Sie folgende Ratschläge für Ihre Hardware beachten:

- Prozessor

Der Rechner sollte über einen Prozessor des Typs 80386 oder höher verfügen. Die Taktfrequenz sollte bei 25 MHz, 33 MHz oder höher liegen. Damit ist eine ausreichende Geschwindigkeit zum Arbeiten mit Windows sichergestellt.

- Hauptspeicher

Mindestens 2 MB, besser 4 MB Hauptspeicher sind empfehlenswert.

- Festplatte

Eine Festplatte im Bereich zwischen 80 MB und 200 MB ist empfehlenswert, da die meisten Programme unter Windows einen großen Speicherbedarf auf der Festplatte aufweisen. Es ist darauf zu achten, daß die Festplatte möglichst schnell ist (Zugriffszeit kleiner 20 ms; Datentransferrate größer 500 MB/s).

- Grafikkarte

Es sollte sich um eine VGA-Karte, oder besser um eine Super VGA-Karte handeln. Zum Programmieren ist eine hohe Auflösung von Vorteil, weil auch Kurzsichtige auf längere Sicht weniger sehen (mindestens 800x600 Bildpunkte). Damit ist es möglich, mehrere Fenster auf dem Bildschirm anzuordnen und deren Inhalte lesen zu können (z. B. Turbo Pascal, Windows-Hilfe-System und eine Uhr). Eine möglichst flimmerfreie Darstellung (Bildwiederholrate von 70 Hz) ermöglicht längeres Arbeiten ohne Ermüdungserscheinungen. Zum Debuggen ist eine zweite Grafikkarte (monochrom) empfehlenswert.

- Bildschirm

Für Auflösungen bei 800x600 Bildpunkten ist ein 14 Zoll Bildschirm ausreichend, ein 16 Zoll Bildschirm ab Auflösungen von mehr als 800x600 Bildpunkten empfehlenswert. Sie sollten darauf achten, daß der Bildschirm und die Grafikkarte bezüglich Auflösung und Zeilenfrequenz zusammenpassen. Falls eine zweite Grafikkarte vorhanden ist, benötigen Sie auch einen zweiten monochromen Bildschirm.

7.2 Dynamische Linkbibliotheken (DLL)

Da es unter Windows möglich ist, mehrere Programme gleichzeitig laufen zu lassen, viele von ihnen aber die gleichen Funktionen und Prozeduren benützen und dadurch mehr Speicher als nötig belegen, gibt es die Möglichkeit, solche Funktionen und Prozeduren dynamisch zu linken. Dabei werden die Funktionen und Prozeduren nur in den Speicher geladen, wenn sie noch nicht im Speicher sind. Wenn ein anderes Programm eine Funktion oder Prozedur benötigt, wird geprüft, ob diese schon im Speicher vorhanden ist. Falls dies der Fall ist, wird die Funktion bzw. die Prozedur nicht nocheinmal in den Speicher geladen. Das Programm bekommt nur noch die entsprechende Speicheradresse mitgeteilt, an der die Funktion oder Prozedur sich befindet. Auf diese Weise wird viel Speicherplatz gespart. Ein weiterer Vorteil von DLL's besteht darin, daß es keine Rolle spielt, in welcher Programmiersprache sie erstellt wurde. Somit kann beispielsweise ein Turbo Pascal für Windows-Programm eine in C programmierte DLL benutzen und umgekehrt.

Im folgenden wird an zwei Beispielen beschrieben, wie eine DLL aufgebaut ist, und wie Sie mit Turbo Pascal für Windows DLL's erstellen und benutzen können.

7.2.1 DLL's Erstellen

Eine DLL ist ähnlich wie eine UNIT aufgebaut (Tabelle 7-1). Die UNIT wird beim Compilieren und Linken ins Programm eingebunden (*statisches Linken*). Die DLL hingegen wird erst während des Programmlaufes bei Bedarf zum Programm gelinkt (*dynamisches Linken*).

UNIT	DLL
UNIT *Name*;	LIBRARY *Name*;
INTERFACE	
IMPLEMENTATION	
USES *UNIT1*, *UNIT2*, *UNIT3*;	USES *UNIT1*, *UNIT2*, *UNIT3*;
Funktionen und Prozeduren	Funktionen und Prozeduren
	EXPORTS
BEGIN	BEGIN
END.	END.

Tabelle 7-1 Aufbau von UNIT und DLL im Vergleich

Bei einer DLL werden die Funktionen und Prozeduren, die anderen Programmen zugänglich sind, mit dem Befehlswort *EXPORT* gekennzeichnet. Diese Funktionen werden im Anschluß mit *EXPORTS* entweder mit einer *Indexnummer* oder einem *Namen* verbunden. Durch diese *Indexnummer* bzw. den *Namen* wird die Funktion oder die Prozedur identifiziert. Im Programm selbst wird die Funktion bzw. die Prozedur durch das Befehlswort *EXTERNAL* eingebunden.

Die folgende DLL *MeinDLL* besitzt nur eine Prozedur *Text*, die exportiert wird.

```
LIBRARY MeinDLL;

USES WObjects, WinProcs, WinTypes, Strings;


PROCEDURE TEXT(MeinDC : HDC); Export;
VAR
   S : ARRAY[0..255] OF CHAR;
BEGIN
  StrCopy(S,'Der Pianist der Meisterklasse,');
  TextOut(MeinDC, 10, 10, S, StrLen(S));
  StrCopy(S,'schlägt sein Klavier zu Kleistermasse');
  TextOut(MeinDC, 10, 40, S, StrLen(S));
END;


EXPORTS
  TEXT Index 1;


BEGIN
END.
```

In einen beliebigen Bildschirm-Kontext (Abschnitt 3.6.2) *MeinDC*, der als Parameter übergeben wird, wird ein Text ausgegeben. Die Prozedur wird durch EXPORTS mit dem Index 1 exportiert. Mit der folgenden Zeile könnte die Prozedur Text mit dem Namen *Textausgabe* exportiert werden:

```
EXPORTS
  TEXT Name 'Textausgabe';
```

Auf diese Weise können Sie beliebig viele Funktionen und Prozeduren exportieren.

7.2.2 DLL's Benutzen

Folgende zwei Programm *DLL1* und *DLL2* zeigen Ihnen am Beispiel der
DLL *MeinDLL*, wie Sie DLL's in Programmen einbinden können.

```
PROGRAM DLL1;


USES WObjects, WinTypes, WinProcs;


TYPE
    PMeinWindow = ^TMeinWindow;
    TMeinWindow = OBJECT(TWindow)
      CONSTRUCTOR Init(AParent : PWindowsObject;
                       ATitle : PChar);
      PROCEDURE WMLButtonDown(VAR Msg : TMessage);
               Virtual wm_First + wm_LButtonDown;
    END;


    MeinAppType = OBJECT(TApplication)
      PROCEDURE InitMainWindow; Virtual;
    END;



PROCEDURE TEXT(MeinDC : HDC); FAR; External 'MEINDLL'
                                            Index 1;


CONSTRUCTOR TMeinWindow.Init(AParent : PWindowsObject;
                             ATitle : PChar);
BEGIN
  TWindow.Init(AParent, ATitle);
  Attr.X := 100;
  Attr.Y := 100;
  Attr.W := 500;
  Attr.H := 200;
END;


PROCEDURE TMeinWindow.WMLButtonDown(VAR Msg : TMessage);
VAR
    MeinDC : HDC;
```

```
BEGIN
  MeinDC := GetDC(hWindow);
  TEXT(MeinDC);
  ReleaseDC(hWindow, MeinDC);
END;


PROCEDURE MeinAppType.InitMainWindow;
   BEGIN
     MainWindow := New(PMeinWindow, Init(NIL, 'TPWBuch
                        ObjectWindows DLL Programm'));
   END;


VAR
   MeinApp : MeinAppType;

BEGIN
  MeinApp.Init('MeinApp');
  MeinApp.Run;
  MeinApp.Done;
END.
```

Die Prozedur Text aus der DLL *MeinDLL* wird durch folgende Zeile in
das Programm eingebunden:

```
PROCEDURE TEXT(MeinDC : HDC); FAR; External 'MEINDLL' Index 1;
```

Sie wird durch *EXTERNAL* eingebunden. *FAR* ist nötig, weil die Prozedur in einem Speicherbereich außerhalb des Programmbereichs steht.
Falls die DLL in eine UNIT eingebunden wird, muß auf *FAR* verzichtet
werden, weil eine UNIT durch den Compiler stets als *FAR* definiert ist.

Die Prozedur *WMLButtonDown* (Abschnitt 3.4) reagiert auf Drücken der
linken Maustaste.

```
PROCEDURE TMeinWindow.WMLButtonDown(VAR Msg : TMessage);
VAR
   MeinDC : HDC;
```

```
BEGIN
  MeinDC := GetDC(hWindow);
  TEXT(MeinDC);
  ReleaseDC(hWindow, MeinDC);
END;
```

Es wird ein Bildschirm-Kontext *MeinDC* definiert und der Prozedur *TEXT* als Parameter übergeben. Danach wird der durch den Bildschirm-Kontext belegte Speicherplatz wieder freigegeben.

Bild 7-1 zeigt das Programm mit der Textausgabe.

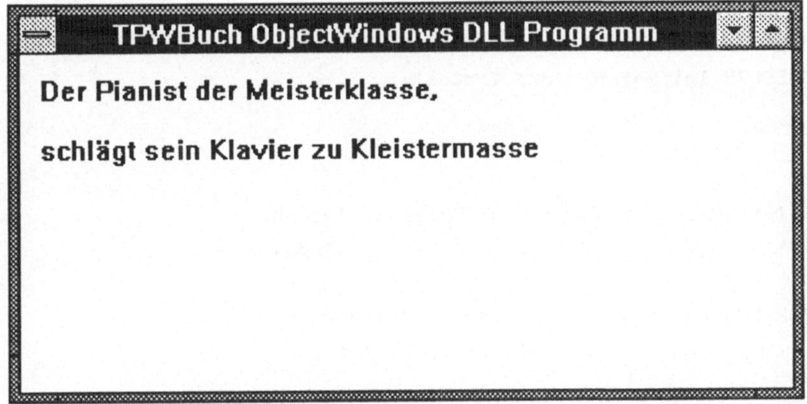

Bild 7-1 Textausgabe durch DLL

Der Text erscheint im Fenster, wenn der Benutzer auf die linke Maustaste drückt. Wenn aber die Größe des Fensters verändert wird, verschwindet der Text wieder. Er soll aber immer angezeigt werden, nicht nur wenn die linke Maustaste erneut gedrückt wird.

Das Programm *DLL2* löst dieses Problem. Es nutzt die Methode *TWindow.Paint*, die stets aufgerufen wird, wenn ein Fenster seinen Inhalt neu aufbauen muß. Wenn dieser Methode die Textausgabe hinzugefügt wird, erscheint der Text zu jeder Zeit im Fenster.

```pascal
PROGRAM DLL2;

USES WObjects, WinTypes, WinProcs;

TYPE
    PMeinWindow = ^TMeinWindow;
    TMeinWindow = OBJECT(TWindow)

      CONSTRUCTOR Init(AParent : PWindowsObject;
                       ATitle : PChar);
      PROCEDURE Paint(PaintDC : HDC; VAR PaintInfo :
                      TPaintStruct); Virtual;
    END;


    MeinAppType = OBJECT(TApplication)
      PROCEDURE InitMainWindow; Virtual;
    END;



PROCEDURE TEXT(MeinDC : HDC); FAR; External 'MEINDLL'
                                        Index 1;


CONSTRUCTOR TMeinWindow.Init(AParent : PWindowsObject;
                             ATitle : PChar);
BEGIN
  TWindow.Init(AParent, ATitle);
  Attr.X := 100;
  Attr.Y := 100;
  Attr.W := 500;
  Attr.H := 200;
END;


PROCEDURE TMeinWindow.Paint(PaintDC : HDC; VAR PaintInfo :
                                        TPaintStruct);
BEGIN
  TWindow.Paint(PaintDC, PaintInfo);
  TEXT(PaintDC);
END;
```

```
PROCEDURE MeinAppType.InitMainWindow;
    BEGIN
      MainWindow := New(PMeinWindow, Init(NIL, 'TPWBuch
                          ObjectWindows DLL Programm'));
    END;



VAR
   MeinApp : MeinAppType;

BEGIN
  MeinApp.Init('MeinApp');
  MeinApp.Run;
  MeinApp.Done;
END.
```

Da die Prozedur Paint bereits einen Bildschirm-Kontext *PaintDC* verwendet, bietet es sich an, keinen neuen zu definieren, sondern diesen an *TEXT* zu übergeben.

```
PROCEDURE TMeinWindow.Paint(PaintDC : HDC; VAR PaintInfo :
                                        TPaintStruct);
BEGIN
  TWindow.Paint(PaintDC, PaintInfo);
  TEXT(PaintDC);
END;
```

Selbst wenn beide Programme geladen sind, befindet sich die DLL nur einmal im Speicher. Die Programme können aber auch mehrfach geladen werden.

Bild 7-2 zeigt das Programm DLL2 mit einer anderen Textausgabe, damit Sie etwas Neues zum Lachen haben.

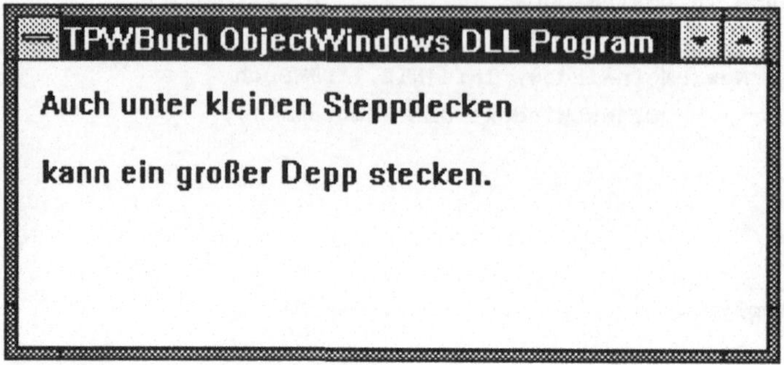

Bild 7-2 Textausgabe durch Prozedur Paint

7.2.3 Standard-DLL's von Windows

Der Zugriff auf die API-Funktionen und -Prozeduren erfolgt aus Turbo Pascal für Windows durch DLL's. Folgende Dateien von Windows sind DLL's:

- *KERNEL.EXE*

Enthält die Funktionen und Prozeduren, die eine Schnittstelle zum System darstellen.

- *GDI.EXE*

Stellt geräteunabhängige Grafikroutinen zur Verfügung.

- *USER.EXE*

Enthält die Routinen zur Fensterverwaltung.

- SOUND.DRV

Bietet Routinen für die Ein- und Ausgabe von Sound.

- KEYBOARD.DRV

Enthält zahlreiche Tastatur- und Textkonvertierungsroutinen.

Die UNIT WinProcs, welche die Schnittstelle von Turbo Pascal für Windows zu den API-Funktionen und -Prozeduren darstellt, liegt im Verzeichnis TPW\DOC als Quellkode vor. Alle API-Funktionen und -Prozeduren von Turbo Pascal für Windows sind dort als Zugriff auf die angeführten DLL's von Windows definiert. Somit stehen alle API-Funktionen und -Prozeduren nur einmal im Speicher.

Sachwortverzeichnis

Objektorientiert mit Turbo C++

Objektorientierte Softwareentwicklung für Profis

von Martin Aupperle

1992. XVII, 452 Seiten mit Diskette. Gebunden.
ISBN 3-528-05161-2

Dieses ist das umfassende Buch zur professionellen, objektorientierten Nutzung von Turbo C++ für jeden Programmierer, der sich nicht mit weniger zufrieden geben will. Ein besonderer Vorzug sind die Tools, die auf Diskette sofort abrufbar zur Verfügung stehen. Besonderes Highlight: Ein komfortables Fenstersystem, voll objektorientiert programmiert und beliebig erweiterbar. Hier können beispielsweise Fenster (mit Inhalt) ausgegeben und eingelesen werden!

Verlag Vieweg · Postfach 58 29 · D-6200 Wiesbaden